如何用保险保障你的一生

李元霸 | 著

湖南科学技术出版社

博集天卷

关于作者

李元霸是一位工作了多年的人身险精算师,然后他不愿意透露更多个人信息了。他甚至说:"我是不是一个精算师又不重要,反正你们也没办法验证。"

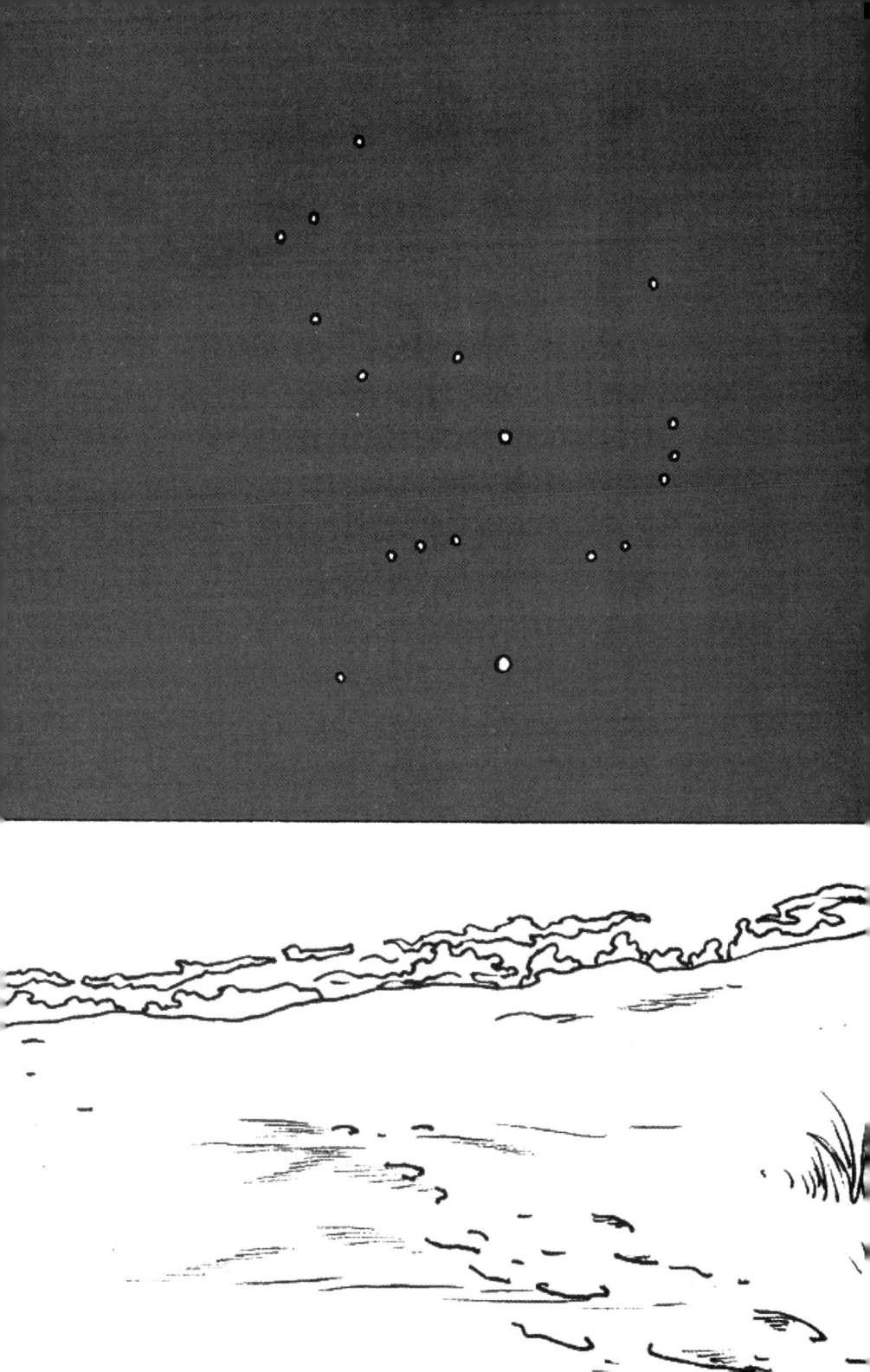

推荐序：保险如何保障我们未来的生活

文 / 汤小明

罗伯特·清崎曾经说过，我们都不愿意真正去了解财富的秘密，同时财富的秘密也会改变，这就是90%甚至99%的财富都被1%的人掌控了的原因。对大多数人来说，阅读财务报表是一件枯燥的事，很多人十分抗拒，清崎本人也对财务报表不感兴趣，为了让大家理解，他发明了"现金流游戏"，用感性的方式讲透了财商的故事。

清崎的作品在中国风靡20多年，热度不减，不是因为他在理财技能上对读者有多大的帮助，而是因为他讲述的财商故事，在情感上产生了很大的共鸣，读者发现，原来我穷是这个原因！原因都知道，结果却依然难以改变。比如说"复利"。做父母的，自孩子一生下来就每个月给他存1000元，只要你坚持下去，30岁以后估计能存个上百万元，但是，有几个人做得到？几乎没人能做到。

这里面隐藏着人性深层次的东西。

李元霸有一种本事，把选保险、买保险这种枯燥的事，用大家愿意一口气读下去的语言,把其中的原理都说透,让大家相信,如果不看这本书,买保险可能处于黑暗与盲目之中。一句话,如果要买保险,就尽量买得明明白白。

其实人类的很多行为,包括那些富有的人,也经常是稀里糊涂的。好多都是从实践中摸索而来,并不是一开始就计划好,什么东西都想好了,反而是今天冲动了,有了开始,慢慢提升认知。包括找伴侣,说不定也是哪天冲动了一下,最后慢慢地觉得挺合适。

保险这事也是如此,并不是你看了这本书以后,你就把一辈子的保险都规划好了,而是从此有更多的兴趣和角度去深入思考,应该说找到一个好的起点,这很重要。

我自己写的书,也一直在修改,我越来越意识到一个问题,那就是人很难绝对理性。罗伯特·清崎对"穷人思维"的依附性、安全性的恐惧等等,挖掘得很好,归根结底,还是情绪比知识更重要。以前是知识重要,没有互联网这种便捷的知识储备工具,现在有搜索引擎,什么东西搜不出来?从此,你根本不需要依赖大脑记忆。

现代人大部分的知识都是零散化的,其实无法形成一种真正的竞争优势。而你的情绪却是真实的,跟你有紧密关系。知识只有在特定的条件下,才有价值。简单说来,在财富这个领域,把情绪附上去,让情绪赋能,让知识变成生产力,才能叫作资产。

我讲了这么多年财商课程,包括财商工具——保险、基金、股票、期货,很多时候效果并不明显。后来我发现,学习的人心理状态很重要，一个人没有把情绪加进来，他就只是知道而做不到，知识是没有香味的塑料花。

很多读者问我，既然知识加上情绪才能成资产，那么在哪儿才能变成资产呢？答案就是在"集"，聚集的集。很多现代概念都是集，包括城市、国家、市场、公司，你只有到市场上去，在聚集的地方，人多的地方，物品多的地方，才有机会。过去到集市上去，我们叫赶集，今天你依然要去赶集。是骡子是马，要拉出去遛遛。你想要形成资产的时候，一定要到集上去。一个伟大的文明，就是能够创造各种各样的集，让人们可以把他们的资产拿到集上去交换。

情绪是你真实的、时时刻刻存在的东西，不管是无聊的情绪，还是兴奋的、沮丧的情绪。我们只要让自己保持好的情绪状态，就可以了。为什么要了解保险呢？关于保障的、安全的、概率的理论知识听了一大堆，事实上，保险跟我们关联极大。

我们几乎有一种本能，要保证未来也能获得当下的情绪（英语时态里叫作未来完成时）。我相信读者读了这本书以后，就会对为什么需要买保险，多了一个角度，原来保险不只是跟安全、保障等概念、理论相关。过去，你的这些知识是"塑料花"，现在开始，散发芳香了。

很有可能，你买了保险以后，你去工作，你走在大街上，你带孩子去公园，你的情绪改变了，因为有保险了。因为情绪改变了，比如给孩子买了某个保险，带孩子去游乐场玩的时候，就少了很多担心；原来对孩子、妻子的身体很担心，现在转而变成了较为轻松的关心。

这都很真实，你甚至会发现，你原先一天的情绪可能60%都是悲观的，但你买了保险以后，60%就是乐观的，情绪好了，你的未来肯定就好。我们的未来是由什么组成的？还不是有每时每刻的所谓感觉、心情和状态，不管是身体状态，还是心情状态。从这个意义上来说，李元霸书中讲到的保障，便是我们对未来生活很有价值的投资。

再说到理性。富有理性的人，理性到极端就是最有激情的人。看起来似乎是情绪，但实际上他很清楚，这就是"我的决定"，我清楚地认知到，这是我要去做的。

你的资产怎么变成大家都要的资产？这就需要集，各种可能性、不确定的、偶然的各种情绪，构成现代人生活的常态。我们现在开车，也可以不需要用理性，完全用感性，当你出了几次差错以后，付出了代价，用时更长，遇到堵车，你就相信导航的理性了，你终于被理性教训了，就相信它了。有关身体健康、孩子教育、家人生活安排，可以有一种理性思考，使这一切最后都做到最好。

工业革命也是人类历史第一次大规模的知识分工，生产袜子、纽扣、布料，有不同的人，不同车间，效率提高，财富增长。在市场上，人们进行资源调节和交换，根据价格的高低来调整，价格高了，利润高了，其他的人涌进来参与竞争，价格又降下来，有人撤走，价格又上来，然后不断地促进产品质量提高，促进市场的深层次需求。这里也有情绪要素在市场、经济、财富活动中起巨大作用，只是对这些情绪，人们普遍重视不够。

我们作为社会动物，人和人之间，哪怕是在一起吃饭、对话、交换物品等等，本质上都是在交换。经济学家把这种交互的关系，用经济学的语言揭示清楚，用标明价格的方式让大家明白其价值，进而促进更多的交互发生。这依然是情绪。现代生活离不开科技和金融，二者的结合把我们的交互变得越来越复杂，股票、期货、保险都是交换一种心情、一种未来。一种伟大的制度应该可以产生各种各样的集，我们所有的文明的成果，包括道德约束，比如不能撒谎，不能杀人，不能偷窃，不是谁规定的，是大家在实践当中交流出来的。

在我的财商教育体系当中，明白了如何形成资产，接下来就是学一点记账的知识，你只要懂得成本和收益，资产和负债，就可以把账记清楚了。其实金融、保险，本质就是记账，记账就是实现交互的可能性、再生性。我们两个人交往，以前没有一起做生意打交道，我请他吃了顿饭，他又送了我10袋米，我把这个记下来，有一天我们都忘了，但是一看记录，我们再一次请客吃饭、赠送东西，就变得很容易。因为我们上次有过交换，就自然容易来到一个新阶段，你请我吃顿饭，我也送你些东西，可能这次换成一头羊。记账就这样促进交互了。金融也是如此，本质上是促成人们更多交互的一种活动，更复杂的阶段，就发展出期货、股市、杠杆，当然也包括保险。

我写过一本《创富法则》，很多创业者，不管他们有没有丰厚的资产，都离不开去学习理解金钱的本性、财富的本性——流动。就算今天你账上有100亿元，你必须拿去交流，才能继续创造价值——为自己赚更多的钱，或者交换更多让你开心的东西。可市场还是有很多风险，就有人创造出了债券、保险等产品，一种对冲的东西。没有管理好风险，就"富不过三代"。对普通人来说，除了当下每天的生活，也免不了要面对"流动"风险带来的焦虑，这时，保险的本质上是个对冲工具。购买保险可以理解为，在我们保持清醒认知的时候，给未来生活加上一层保障，它在某种程度上，帮助我们对冲未来生活的风险，包括经济风险、情绪风险等等。

我对"财商、财富、金钱"等跟人、人心息息相关的话题，琢磨了20多年，也谨从这个角度，对李元霸这本书，提供一个解读视角，也算是我跟作者、各位读者一种交流的起点吧。至于保险这个领域的门道，还是李元霸讲得清楚，写得让人爱读。

自 序

当我 8 年前第一次在知乎上回答保险相关的问题时,未曾想过其中一篇的回答能在上面收获超过 2000 万的浏览量,更未曾想过有一天甚至可以把此前分享的知识整理出版成一本书。一些原先只有专业人士才了解的保险业术语,如"偿付能力""保险保障基金"等,通过我的这些回答"扩圈",并在更多介绍保险的文章里传播下去。

很多人有真实的保险需求,但苦于找不到可靠的信息进一步了解,更多时候接触到的还是各种偏负面的保险业新闻报道。

而业内的我们,特别是从事精算工作的我们也知道国内老百姓对商业保险乃至保险公司的怨气都非常大,其中最主要的原因可以归结于我上学时老师在课上讲的:

保险最大的风险是你购买的保障并没有给你带来预期的保障。

你本来打算买个西瓜,结果发现买回来的是一个篮球。篮球也许比西瓜值钱,但并不是你需要的东西,你不需要的东西对你来说即使再贵也没有意义。

因此,我特别希望这本书能成为你们的"一站式"保险启蒙读物,能初步解决普通人乃至初级保险从业人员关于保险的基本问题。有缘翻开本书的各位读者,请您抽出大概三个小时的时间,尽量一次性连贯地读完本书的所有内容。其实三个小时也就是看几集电视剧或者玩几局手游的时间,但可以读到国内保险业工作经验最丰富的精算师之一专门写给您的实用保险知识。

本书的目的之一就是通过介绍"中国保险并不是这也不赔那也不赔,而是这也要赔那也要赔"等种种在真实生活中容易不受待见的观点,让你们尽量考虑为自己配置合适的保险。希望读完本书后的读者能对保险,特别是对商业保险,有一定程度的认知,在自己力所能及的范围内积极地为自己及家人购买合适的商业保险。

如果有政府或企业等用人单位的决策者能读到这本书,也希望你们可以积极地考虑为员工乃至他们的家属购买保险,这是除薪酬外,可以留住人才,让人才更安心工作的好工具。

在本书中构建让您能觉得可靠的保险信息着实不易,因为写书和在网上写文章非常不同。互联网上的回答我可以适时修改补充内容、调整叙述手法等,还能在评论区对读者的疑问及时做出回答,这些互动对分享保险这种专业度非常高的知识非常有帮助。尤其当我在互联网上的关注者达到数十万人时,网上交流的方式非常适合去满足阅读能力不同和受教育背景不同的读者的需求。无论一个本身就处在保险业的产品专家,还是一位刚养育第一个宝宝想为其购置保险的新手妈妈，只要肯花时间认真阅读，基本上都能从我在各类网站的创作里找到他们需要的答案。

但对一本书来说，无论是内容的叙述方式还是信息排列，从定稿那一刻就已经确定，印成白纸黑字后无法再随时调整（除非再有修订出版的机会）。因而需要很小心地去设置，尽可能照顾不同背景读者的阅读习惯。

保险业也一直在发展，以保险监管为例，今年出台的新法规就有可能让以往的内容失效，因此我还要考虑这本书的内容能否适用于多年以后的情况。所以我在写作本书时经常使用"目前""可能""应该"等这类有回旋余地的描述，并添加了不少看起来像是画蛇添足的注释，也请读者理解。

总而言之，对我来说，"授人以鱼"给你们直接推荐保险产品非常简单，但远不如"授人以渔"让各位学会自己决策如何买保险来得更有意思。

让各位学会亲自"渔"也是出版本书的终极目的。

祝平安！

李元霸
2022年劳动节于上海

目录
Contents

如何用保险保障你的一生

在国内买保险更靠谱吗？_003

保险公司会不够偿付吗？_007

保险公司有可能倒闭吗？_009

随便什么公司都能卖保险吗？_014

商业保险和社会保险有啥区别？_019

怎么选择保险公司及保险？_021

保单内容是怎么定的？_027

为什么有些人投保非常难？_036

一些投保常见的基本术语_043

如何选择适合自己的保险产品？_053

10 个购买保险的
常见问题答疑

1. 保额会因为通胀因素贬值 _080

2. 住小城市可购保额比一线城市低 _085

3. 如实填写小毛病而被拒保了 _087

4. 确诊重症,却因未告知无关病史而拒赔 _089

5. 买保 20 年,保到 70 岁,还是保终身 _093

6. 一次性缴清还是分期缴费 _095

7. 我的商业保险配置方案 _097

8. 保险代理人的推销困惑 _101

9. 如何比较保险的性价比 _103

10. 不太推荐购买任何"保费返还型"保险 _106

延伸阅读 1：

关于如何购买保险的知识

如何为儿童购买保险 _114

如何为父母购买保险 _131

如何规划自己的养老保险 _134

高危或拒保职业如何购买保险？ _149

"惠民保"的本质 _154

延伸阅读 2：

一些购买保险以外的知识

关于精算师 _162

什么是再保险？ _175

附 录

截至 2021 年年末中国内地保险公司名录 _192

后 记 _199

如何用保险保障你的一生

如何用保险
保障你的一生

很多人应该都动过买保险的念头，比如想配置重大疾病保险，但又不知道该如何走出第一步。

其实"不知道该如何走出第一步"同样适用于在保险公司工作的从业人员，真实世界里保险公司的很多员工甚至管理层也不知道该如何为自己买保险。

你肯定觉得很可笑，保险公司的人都不知道该怎么买保险，那保险公司还卖什么保险。但如果你有亲戚朋友在保险公司工作的，可以问他们一个人身保险里最简单的问题：

人身保险中的"身故责任"分为几种？

我猜很多人是回答不出来的。

我曾经在"是应该把这篇理论型的文章放在书的前面部分以树立本人专业的形象，还是应该把那篇偏实际操作的、直接告诉你应该怎么买某种保险的文章放在书的前面以吸引读者，产生进一步阅读的意愿"这种问题上纠结了很久。

最后我还是想到了"保险"本身，保险作为一种金融产品，其本质是复杂的。像保险原理等虽然可能晦涩难懂，但是消费者如果想要真正理解自己所购买的金融产品的内容，想要知道自己的保费花在了哪里、换来了什么，而不是交完钱就把保险合同扔在抽屉里，没有其他捷径，就应该去了解这些晦涩难懂的专业知识。所以，我们首先来一道"硬菜"：

先来谈谈中国的保险监管。

在国内买保险更靠谱吗？

很多人或多或少都曾听说过国务院通过"一行三会"，即中国人民银行（后文简称"人民银行"）、中国银行业监督管理委员会（后文简称"银监会"）、中国证券监督管理委员会（后文简称"证监会"）和中国保险监督管理委员会（后文简称"保监会"）来管理整个金融市场。

作为央行，掌握货币管理权的人民银行的重要性自不必多说；证监会一年365天都被全国股民"特别"关注着，也不需多介绍；银监会掌管着总资产高达数百万亿元的银行业，国有四大银行[①]也得听它号令，重要地位我也不用多说。但你们知道，保

[①] 国有四大银行指由国家通过财政部、中央汇金公司直接管控的四家大型国有银行，包括：中国工商银行、中国农业银行、中国银行、中国建设银行。——作者注，后同

监会是干什么的吗？

原保监会、证监会和原银监会一样，都是国务院直属事业单位。

原保监会根据国务院授权履行管理职能，依照法律、法规统一监督管理全国保险市场，维持保险业的合法、稳健运行。也就是说，只要是与商业保险行为相关的，保险公司的日常经营，保险产品的购买、销售、理赔等，都归保监会管。

这里监管机构所依据的法规包括保险市场顶层的《中华人民共和国保险法》（后文简称《保险法》），以及相关的各项规章制度等。这些也是我们保险业常说的"天条"，在国内开展的每一项商业保险活动，我们都是依据这些法规开展的。

和其他金融行业一样，保险监管的最主要目的是防范被监管机构出现经营问题，避免其风险恶化传导至包括保险市场在内的整个金融市场，防止发生系统性风险。

即使中央在2018年将银监会和保监会合并成中国银行保险监督管理委员会（后文简称"银保监会"）了，保险监管在银保监会下面仍然是一个单立的监管功能。

为什么要先谈保险监管？

因为从偿付能力监管来看，中国是目前世界上保险业监管水平最全面、最先进的国家或地区之一[①]。也就是说，你们在中国内

---

① 中国风险导向偿付能力体系第二代 C-ROSS 和欧盟保险公司偿付资本监管体系 Solvency II 都是在2016年1月1日实施生效的。

地保险公司购买和持有的保单，是接受了世界范围内最安全、最全面的监管保护的。尤其是那些动辄要保几十年甚至终身的人寿保单，可以放心持有。

中国风险导向偿付能力体系第二代，业内简称"偿二代"，相对于上一代以偏向按照固定公式计算结果的偿付能力体系，"偿二代"是以风险为导向多指标的新一代偿付能力监管规则。

具体怎么计算实在太专业，简单来说，根据监管要求和指引，在每季度末、每年度末，保险公司会通过建立详尽的数学模型和压力测试，确保自己有能力在99.5%的概率下无论发生什么事都不会倒闭。

如果把中国内地的C-ROSS体系或采用相似监管原理的欧盟Solvency Ⅱ[①]体系比作我们现在使用的4G、5G移动数据网络，那么我国原来使用的"偿一代"（相对于"偿二代"）监管规则从反映风险能力方面来说差不多就是2G的水平。

所以，不要一提到金融业就总觉得我国落后于发达国家，其实我们也有领先全球的时候。

偿付能力制度为多指标多级预警制度，涉及综合偿付能力充足率、核心偿付能力充足率及风险综合评级等指标。

---

① Solvency Ⅱ允许符合资格的欧洲保险公司使用监管批准后的内部模型而非标准模型以更好地反映自身风险，这也更"高级"一点。当然C-ROSS自身也在根据行业最新情况更新，写书这一刻已经发布了《偿二代二期工程建设方案（征求意见稿）》以求继续完善。

以综合偿付能力充足率为例，它的计算方式为：

$$综合偿付能力充足率 = \frac{认可资产 - 认可负债}{最低资本} \times 100\%$$

以上算式的分子和分母中的每个项目都会牵扯复杂的规则和算法，目的是尽可能客观地反映保险公司的各风险项。保险公司会尽量保持综合偿付能力充足率在150%以上，除了向外界展示本公司的稳健性和安全性，目前监管规定一些业务能否销售还与偿付能力指标挂钩。

作为保险公司偿付能力能否达标的其中一个指标，综合偿付能力充足率的安全线是100%。如果低于100%，银保监会就会动用各种被赋予的监管权力要求保险公司采取可行方法尽快将偿付能力恢复到最低安全线之上。这些"可行方法"包括但不限于：责令增加资本金；限制向股东分红；责令停止部分或全部新业务；责令调整业务结构，限制增设分支机构，限制商业性广告；暂停销售占用资本金过大的产品；卖出占用最低资本过高的资产（比如创业板股票）；等等。

以我个人的观点，普通消费者并不需要太过关注保险公司具体的偿付能力指标，但是如果真有兴趣，国内各保险公司的偿付能力信息可以通过中国保险行业协会网站或者各保险公司官网的信息披露栏目查阅。及时公开的信息披露也属于重要的"偿二代"监管环节，同属类似监管理念的银行业《巴塞尔协议Ⅲ》也有类似要求。

保险公司会不够偿付吗?

在中国,保险公司的偿付能力及其他精算相关工作(如产品定价等)应由精算人员执行,相关工作报告须得到总精算师审阅并签名同意后定期按时上报监管部门。这些是在《保险法》及银保监会相关规定中法定的工作流程和责任,不是随便找个人就能去干的,目的就是确保这些工作结果的专业性、可靠性和合规性。

为了保证专业性,包括总精算师在内的精算工作人员都需要通过一定科目的精算师考试,并力求获得各主要精算师协会的认证。就专业认证难度来说,以目前市场上接受度相对较高的FSA(北美精算师协会正精算师)为例,我估摸着通过认证的平均时间是CFA(特许金融分析师)的3倍以上。而普遍被认为是精算认证难度最高的FIA(英国精算师协会正精算师),获得最终认证的平均时间,我个人估计是FSA的2倍。

如此艰难的精算师考试就是为了确保精算人员能具备合格、充足的专业知识,以解决各种实务问题。即使考试通过了,只要仍然在精算行业里工作还没退休,每年还要进行一定时间的职业继续教育,以保证从业人员能紧跟上最新的精算技术和保险业监管的新发展。

各位可能会嘀咕,不就考试难一点,高分低能的人多的是。不不不,国内精算工作者要接受银保监会、中国精算师协会[①]和

---

① 中国精算师协会是民政部批准的全国性非营利社团组织,其业务主管单位是中国银行保险监督管理委员会。

所在工作单位的三重监督、三重压力不说，在中国，总精算师是一个非常"苛刻"的职业，监管机构有权力终生对其曾经犯下的工作错误追责。

对的，各保险公司的总精算师有可能临近退休还要为一份20年前在某个老东家签的精算报告中犯下的错误接受处罚，可想而知，平时该有多大的压力。总精算师都有如此大的压力，下属还不尽职尽责、如履薄冰？

因此，从监管理念、监管制度和相关工作的执行人员这三点来看，中国保险公司即使从世界范围内看，也是非常可靠的。

大家甚至可能会听过这样的新闻：由于某些原因，之前有一段时间，保险监管在负责人缺位的情况下仍然能有效地运行。这在一定程度上再次证明了这个监管体制是可以独立于任何人而可靠运行的。

读到这里，有读者可能会觉得，我写的这些内容似乎和在媒体上获得的对于中国保险的印象有出入。稍微细心一点的读者也可能指出，以前面写的内容为例，虽然不知道算得对不对，但按照简单的算术推理，保险公司仍有小概率（100%-99.5%=0.5%）会倒闭，也不能算绝对安全呀。

在社交媒体如此流行的今日，网上发表言论以及接收言论的方式，使得很多人潜意识在评价事物时容易持"极端"思维，也就是只要发现了"坏"的这0.5%部分，就会集中盯着这0.5%看，仿佛忘了还有"好"的那 99.5% 部分。特别是保险业乃至整个金融行业不可避免地还会发生些负面新闻，这些新闻的影响很容易被放大。

辩论一些保险相关的新闻事件到底谁对谁错，是我经常在社交媒体上干的事情，但不是写作本书的主要目的。在这本书里，我希望读者可以暂时去掉心理上对保险的"戒备"，让我这个从业人员同时也是专业人员尽可能客观地给你们介绍保险"好"的这 99.5% 部分，减少"坏"的那一小部分对你们的影响，最终可以帮助对保险有兴趣和有需求的你们，了解保险的方方面面，合理地安排保险，使得保险能在你们需要的时候给予你们帮助。

保险公司有可能倒闭吗？

回到介绍保险知识上，如果你们就是不想听偿付能力监管、精算师这些有的没的，你们就是非常好奇："万一我投保的保险公司真的倒闭了，该怎么办？"

这里需要重点澄清，你们可能听到过的"中国保险公司不会破产"的这种说法其实是错误的。因为根据《保险法》，和其他公司一样，**中国保险公司是允许破产倒闭的**。

第九十条　保险公司有《中华人民共和国企业破产法》第二条规定情形的，经国务院保险监督管理机构同意，保险公司或者其债权人可以依法向人民法院申请重整、和解或者**破产**清算；国务院保险监督管理机构也可以依法向人民法院申请对该保险公司进行重整或者**破产**清算。

但是，如果真有保险公司破产，我们还有保险保障基金①来保障你保单的安全。

特别提醒一句，中国保险公司出现偿付能力不足的情况并不一定代表保险公司会倒闭，新闻上偶尔出现几家保险公司偿付能力不足其实在业内不算什么大新闻。

如果你经常留意公开的偿付能力披露数据或者媒体报道，肯定会发现不时有个别保险公司的偿付能力在季报或者年报中的数值为负数的消息。对的，是负数，也就是从技术上来说，资产比负债还小，资不抵债。

但是再强调一次，即使这几家保险公司的偿付能力为负数，在中国保险业这个特定的经营环境中，这些保险公司离真正意义上的破产还是太遥远了。

从解决偿付能力最直接、最有效的股东增资这个手段来说，国内大多数保险公司的股东并不缺钱，还有那些觊觎保险公司牌照、想借机介入的也不缺钱。讨论这个具体如何解决偿付能力方

---

① 2022年4月发布的《中华人民共和国金融稳定法（草案征求意见稿）》提及我国将建立金融稳定保障基金。金融稳定保障基金是保险保障基金以外的另一重保障，保险公司作为金融业的一分子也将参与该基金并相应地获得该基金保障。

式的话题，已经超出一本普及保险知识书籍的范畴了，这里把话题先收回到"万一保险公司走到破产这一步了，该怎么办"。

中央汇金投资有限责任公司（简称"汇金公司"）、中国证券金融股份有限公司（简称"证金公司"）你们可能或多或少听说过，中国还有一个类似的保障金融系统稳定的公司，就是由原保监会、财政部和人民银行共同发起设立的中国保险保障基金有限责任公司（后文简称"保险保障基金"）。保险保障基金的前身保障基金理事会成立于2006年2月，其实际是我国金融业第一个以市场化运行针对金融市场系统风险的保障机制。

在极端情况下，根据《保险法》及相关规定，**银保监会可以指定已经破产的保险公司的仍然有效的保单及其相应保单准备金，转由另一家或多家保险公司承保。**同时根据《保险保障基金管理办法》[①]，保险保障基金会提供救助，以人身保险业务为例：

> 第二十一条 被依法撤销或者依法实施破产的保险公司的清算资产不足以偿付人寿保险合同保单利益的，保险保障基金可以按照下列规则向保单受让公司提供救助：
> （一）保单持有人为个人的，救助金额以转让后保单利益不超过转让前保单利益的90%为限；
> （二）保单持有人为机构的，救助金额以转让后保单利益不超过转让前保单利益的80%为限。

[①] 现《保险保障基金管理办法》发布于2008年，而在本书写作时，监管部门正对其进行修订并已发布相应的征求意见稿。

这里需要注意,《保险保障基金管理办法》里部分条文的"人寿保险"和《保险法》里面的人寿保险合同一样,实际语义为中国保险监管语义下的人身保险合同,亦即包括意外险、健康险(重疾险为健康险的其中一种)、寿险、年金险等产品,亦即国内所有商业保险产品都受保险保障基金保障。

要知道中国银行业同类型的保障机制即《存款保险条例》2015年才正式实施,每个账户最高赔偿50万元。而在有些人觉得保险产品会比内地有优势的香港,从2011年提议设立和我们类似的保单持有人保障基金或保单持有人保障计划(PPF)至今,他们的保险保障基金体系事实上仍处于纸上阶段[1],也就是说,香港目前是没有像内地这种保险公司破产后消费者经济救助体系的。

救助破产保险公司并不是保险保障基金唯一的用途,《保险保障基金管理办法》规定:

第十六条 有下列情形之一的,可以动用保险保障基金:

(一)保险公司被依法撤销或者依法实施破产,其清算财产不足以偿付保单利益的;

(二)中国保监会经商有关部门认定,保险公司存在重大风险,可能严重危及社会公共利益和金融稳定的。

---

[1] 截至本书写作这一刻,根据香港特别行政区政府财经事务及库务局(财经事务科)的网页,最后一次相关事项的更新仍然停留在2011年,https://www.fstb.gov.hk/fsb/sc/publication/consult/ppf.html。

经监管安排，保险保障基金近年真正出手只有 3 次，操作对象分别针对新华保险、中华保险和安邦保险，都是为了解决当时这几家保险公司遇到的经营问题。这 3 次出手后，被出手相助的公司现在已恢复正常经营，这些公司保单持有人的保单利益保持不变。新华保险甚至在保险保障基金退出后成功上市，成为现在 A 股（人民币普通股票）仅有的 5 家上市保险公司之一。

有人说再保险公司[①]是保险公司的保险公司，实际上，保险保障基金才是。

截至 2021 年年末，保险保障基金规模已经超过 1800 亿元，各位购买商业保险时所缴纳保费里一个很小的比例是用于缴纳保险保障基金的。别觉得 1800 亿元少，当年出手接管新华保险时，保险保障基金规模连现在的一半都没有，而作为"老六家"[②]之一的新华保险本身就是一个巨无霸，保险保障基金照样能救。甚至保险保障基金最近几年都觉得自己累积的"保费"太多，还降低了保险保障基金保费的缴纳比例。

说到现在，大家对自己在保险公司买的保单感到放心了吗？

然而，偿付能力的先进性、精算从业人员的专业性还有保险保障基金都不是我想说的"终极大招"。各位现在应该对"我买的

---

① 本书后面部分会介绍什么是再保险公司。
②"老六家"另外五家是：中国人寿、平安人寿、太保寿险、泰康人寿和太平人寿。

保单安不安全,最后能不能赔"这个话题有点认知疲劳了,所以我把这个隐晦的"终极大招"放到后面。

现在切换一下,我们来谈谈中国的保险公司。

随便什么公司都能卖保险吗?

卖保单给你的就一定是保险公司吗?
不一定。

在中国境内,如果要经营保险业务,如果要卖保单给自然人、团体或企业,根据《保险法》,你必须持有银保监会批准的保险业务经营许可牌照(经营保险业务许可证),并接受偿付能力监管。

再强调一遍,**不是谁都可以卖保险的,必须持有牌照!牌照!牌照!**同时还需要接受偿付能力监管。

大家如果在旅游平台上买过机票,也许买过那些搭售航空意外保险的机票套餐,这些航空意外保险背后一定对应着某个保险公司的保险产品。这里的旅游平台不是承保人,背后的那个保险公司才是真正的承保人。

大家如果在购物平台上买过东西,付款的时候有个选项是问你要不要退货运费险,这个退货运费险背后也会对应着一个保险公司的保险产品，而购物平台不是承保人，背后的那个保险公司才是真正的承保人。

国外保险公司如果想在中国境内卖保险，也得拿牌照，要么以合资方式，要么以独资方式，比如英国保诚在中国与中信集团各出资50%成立的中信保诚人寿保险有限公司，在获得中国的保险经营牌照后，才能在中国内地开展保险业务。

大致来说，中国内地根据主要保险业务内容，一共有四种牌照：人寿险、健康险、养老险和财产险。这里的前三种牌照在目前情况下有不少经营范围实际是重叠的，所以通常认为这三种牌照是同一类型，即人身险牌照。

也就是说，我们常说的保险公司广义上只分为两种：

寿险公司和财险公司[①]。

银保监会分别设立了人身险部和财险部来监管这两种公司和市场。我们精算实际也主要分为寿险精算和财险精算。

如果你还记得本书一开始提及的保险监管，可以用下页这张图来描述中国内地监管与保险公司（市场）的关系：

[①] 寿险公司、人身险公司、人寿保险公司，这些词都是一个意思；财产险公司、财险公司、产险公司，这些词也都是一个意思。同类型保险公司下，本书可能会混用这些词。

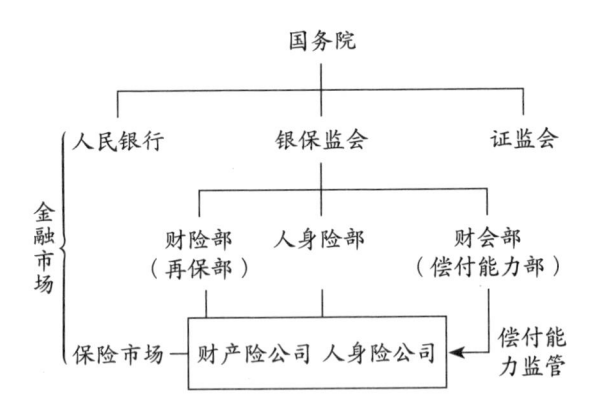

```
                        国务院
              ┌───────────┼───────────┐
          人民银行     银保监会      证监会
       ┐              ┌────┼────┐
    金              财险部  人身险部  财会部
    融             （再保部）      （偿付能力部）
    市                ┌────┴────┐         │
    场   保险市场──财产险公司 人身险公司 ◄── 偿付能
       ┘                                   力监管
```

以大家熟知的中国平安保险（集团）股份有限公司（简称"中国平安"）为例，中国平安旗下有非常多的业务，其中集团主要保险业务分属：

中国平安人寿保险股份有限公司（简称"平安人寿"）、中国平安财产保险股份有限公司（简称"平安财险"）、平安养老保险股份有限公司（简称"平安养老"）、平安健康保险股份有限公司（简称"平安健康"）等四家保险公司。

这四家保险公司各持有一块保险牌照，也就是说，中国平安一共持有四块保险牌照，经营中国内地的保险业务。这四家公司每家都需要单独接受偿付能力监管，除此之外，集团自身也需要接受偿付能力监管。

如果你买了中国平安的车险，那一定是中国平安旗下的平安财险给你发的保单，因为它持有财产险牌照，在保险合同上盖的合同章肯定是"中国平安财产保险股份有限公司"的；如果你买了中国平安的重大疾病保险，那一定是平安人寿（平安健康和平安养老现阶段以网销健康险和团险业务为主，为方便讨论，这里暂时忽略它们俩，后面会介绍什么是网销业务，什么是团险业务，等等）给你发的保单，保单合同章一定是"中国平安人寿保险股份有限公司"的，因为它持有人身险牌照。

所以你买了车险要理赔，肯定是找平安财险，而不是找平安人寿。虽然它们都是中国平安旗下的公司，但找错了理赔对象，肯定是不会理你的。

保险公司如果想同时经营人身险和财产险业务，一般都会争取至少两块牌照。

但是，财产险公司经营范围有一个特例，就是允许经营短期（即保险期间为一年期及以下）健康保险业务，这是和人身险公司经营范围重合的。一般来说，多数财产险公司因为管理等因素（比如需额外聘请医学核保核赔人员），相对会把短期人身险业务放在经营优先级的后面，所以大家购买人身险时还是尽量去寿险公司。

我在这里要再次强调，**保险公司需要"接受偿付能力监管"**。因为受益于互联网时代的到来，网上现在出现了很多所谓互助、众筹等类似保险的行为，打的都是"更便宜、更方便"的保险的口号。

然而，很多网上的互助组织都是冒名相互保险，这些组织不接受银保监会的偿付能力监管，从风险管理角度来看，差不多是街角当铺之于银行的区别。

它们不接受偿付能力监管，意味着如果你上错了船、进错了坑，或者到最后不幸碰到需要"理赔"时，它们没钱赔给你。我之前所说的偿付能力监管、保险保障基金，还有那些精算师，都不能在你遇到困难的时候帮你一把。

银保监会是允许设立正经的相互保险的，但截至本书写作时，银保监会也只是批准了五家相互保险组织[①]，这些相互保险组织和股份制保险公司一样，必须接受偿付能力监管。

总的来说，保险公司牌照是稀缺资源。

我的意思就是，保险公司牌照可值钱了！特别是人身险公司的牌照。尤其是极个别保险公司，前几年在二级市场和海外并购上屡屡弄出个大新闻，让大家知道了保险公司特别是人身险公司的各种妙用。曾经有一段时间在监管部门那里等批牌照的公司可是大排长队。

也正是因为这些极个别公司，监管部门对新保险公司批筹一直持非常审慎的态度。虽然名义上《保险法》规定一块保险业务经营许可牌照至少要有2亿元人民币实缴资本[②]，但现实中没有

---

① 这五家相互保险组织包括阳光农业相互保险公司、众惠财产相互保险社、信美人寿相互保险社、汇友财产相互保险社和2022年2月批筹的中国渔业互助保险社。
②《保险法》第六十九条　设立保险公司，其注册资本的最低限额为人民币二亿元。国务院保险监督管理机构根据保险公司的业务范围、经营规模，可以调整其注册资本的最低限额，但不得低于本条第一款规定的限额。保险公司的注册资本必须为实缴货币资本。

20亿元以上真金白银是很难办成这事的。即使这20亿元不是问题，如果出资股东背景鱼龙混杂，那么拿牌照一样不会是件容易的事。

商业保险和社会保险有啥区别？

保险公司的经营目的是什么？

赚钱。

保险公司不是慈善机构，股东掏钱出来开保险公司就是为了赚钱。

那为什么要买保险？

购买保险是为了减少预期以外的事件对被保险人的财务状况造成冲击，为受益人提供经济补偿，从而减轻负担。

<u>用经济学原理来解释就是，被保险人通过缴纳保费购买保险，来换取未来财务状况更大的确定性。</u>

打个比方，买保险前，你未来财富现值的可能范围是（-50万元，300万元），有负值的原因可能是各种重大经济损失，比

如家里失火、治病过程中产生的高额医疗费用等；而通过购买保险，你未来财富现值的范围可能变成（30万元，280万元），虽然最大值因为要交保费而变小了，但是更加确定了。①

保险公司的商业保险产品和社会保险有什么区别？

虽然都有"保险"两个字，但从提供者的角度来看，压根是完全不一样的东西。

社会保险（后文简称"社保"）包括常说的也是最常见的"五险"，即养老保险、医疗保险、失业保险、工伤保险、生育保险。

广义的社保还包括**新型农村合作医疗（简称"新农合"）、大病医保、个别地方政府特有的公共保险项目、部分政企合作的保险项目**，比如深圳社保委托多家商业保险公司承保的全市居民重疾保险，还有近年来各地遍地开花的"惠民保"项目，等等。

社保不以营利为目的，它的主要资金来自参保人和参保人所在工作单位的社保缴费、社保基金的投资收益以及税收等政府财政收入的再分配。社保当年如有结余，会滚存到下一年继续使用。

而保险公司同样能提供商业性的养老保险、医疗保险、失业保险、工伤保险、生育保险等保障，并且在这些保障的基础上能提供更广的保险项目。

---

① 这个例子中波动范围从300万元－（－50万元）＝350万元缩小到280万元－30万元＝250万元，损失范围更小，可能的最坏结果更能被人承受，所以未来更确定了，当然为方便解释，我简化了很多影响理解的统计学上的东西。

保险公司的收入主要来自投保人购买相关险种缴纳的保费和相关保费产生的投资收入。还有，前面说了，保险公司要赚钱，今年获得的盈利是不会返还给投保人的（分红险的分红、各年度间利润平滑等情形除外），都要给到保险公司实际的主人——股东。

再举个例子：社会保险中的医疗保险目标是尽可能让所有老百姓都能获得平均水平的基本医疗保障，从成本考虑，肯定不可能做到对任何病人都用上最好的医疗手段、最好的药去治疗，因为这种要求世界上没有任何一个国家的财政是能负担得起的；而购买保险公司的商业医疗保险后，被保险人通过缴纳保费还能进一步享受社保范围外的医疗费用报销，甚至能直接选择收费很高而就医体验相对更好的昂贵民营医院的医疗服务，这些都是社会保险无法提供的。

怎么选择保险公司及保险？

截至 2021 年年末，中国实际已有 88 家人身险公司和 84 家财产险公司（这里的数字实际包括了不属于公司形式的相互保险组织）合法经营，开展业务。这个数量可能超出了很多人的想象，中国居然有那么多保险公司。

中国人寿、中国平安这些大公司的营销员众多，也喜欢请知名的公众人物代言，大家肯定或多或少听说过这些公司，但是更多保险公司的名字对平时不关心保险业的普通人来说可能从未听闻。

以前这些公司的具体名录可以通过银保监会网站定期公布的保险业经营统计数据侧面了解，但目前监管机构网站公开的相关数据似乎不再具体到公司级别了，因此找全所有保险公司名字的信息比较难。我把从中国保险保障基金网站[①]上间接汇总（因为只要销售了保险产品，都需要缴纳保险保障基金）的截至 2021 年年末内地 172 家保险公司的名单放在了本书最后的附录里。

只要在附录中能搜到名字的，都是合法合规接受监管的保险公司，它们卖给你的保单也是合法合规接受监管的保单。

在名录里随便挑几个名字，比如作为寿险公司的泰康**人寿保险**有限责任公司，比如作为财险公司的阳光**财产保险**股份有限公司，我们业内一般会分别简称为"泰康人寿"，即"某某**人寿**"，或者"阳光财险"，即"某某**财险**"。

但也有些特别例子，比如新华人寿保险股份有限公司只卖寿险，却不是简称为"新华人寿"，而是根据传统，更喜欢简称为"新华保险"，即"某某**保险**"。

也许部分读者看到这里会很疑惑，保险公司的名字有什么好解释的。这里还是要提醒一下，我在这里花那么长篇幅的原因，除了向本书受众层次可能分布很广的读者解释保险公司名称命名

[①] 中国保险保障基金网站链接：http://www.cisf.cn/jjcj/jngsmd/。

的规律性，也是为了提示大家，注意区分名称缩写也经常是"某某**保险**"的保险经纪公司，或者保险销售网站平台，这在实务中经常会引起消费者的混淆。

和其他行业的经纪一样，保险经纪和保险销售网站平台的实质都是中介。作为中介，它们基本都持有**保险经纪**牌照，但注意，并不是**保险公司**牌照。

保险经纪，从名字就能看出是连接业务买卖双方的桥梁，也是保险公司众多销售渠道的其中一种。保险经纪公司只是代销保险公司的产品，它们需要接受银保监会经营行为监管，但本身没有承保资格，不需要接受偿付能力监管。

很多时候，它们的名称很容易让投保人误以为它们也是保险公司，但是它们只以中介销售费用为收入来源，并不承保你的风险。毕竟真的发生理赔的时候，你索赔时要找的是真正承保你风险的保险公司，保险中介并不能决定一个赔案能赔或者不能赔。

这里我们顺着走向另外一个话题：保险公司的销售渠道。

为了方便讨论，本书**从现在开始会集中讨论和自然人息息相关的人身险产品**。由于国内财产险业务主要与个人生活相关的就是车险，买车险除了买保障，更是买服务，而国内车险价格有监管部门指导价格，而且竞争白热化，没什么特别好说的。不过我会在后文中为大家介绍一款和车险一样对个人同样重要的财产险产品。

刚才说到保险经纪其实是销售渠道的一种，其他常见的销售渠道还包括：

保险代理人（阿姨，这里有份儿童教育金非常适合您的小孩）；

银行柜台（您存这个，利率更高）；

电话销售（您好，我的工号是……今天给您打电话是为了……）；

第三方网络销售平台（互联网平台的保险频道等）；

团体保险（各个公司为员工投保的商业保险福利计划）；

保险公司官网、官微等。

某些保险公司会侧重开发某种渠道，比如一些外资独资或者占股比较高的保险公司的代理人渠道；也有某些保险公司会在所有渠道尝试开展业务。这取决于各公司具体的销售策略，但并不是说某个渠道卖的保险一定会比另外一个渠道的更好。保险公司的销售策略也会随时间的推移变化很大。

对目前监管分类或者精算人员设计产品来说，**渠道归根到底只有两种：个人保险（简称"个险"）和团体保险（简称"团险"）。**

团体保险理论上只能销售给三人及以上的团体，团险以外所有的业务都可以归为个险业务，也就是说，你刚才看到的那么多的代理人、银行、电销、网销渠道，其实卖的大多数都是个人保险产品。

人身险产品按照保险责任区分只有四种类型：寿险、健康险、意外险和年金险。

再按刚刚说到的个人保险和团体保险区分，中国的人身险一共有八种保险产品：

团体寿险、团体健康险、团体意外险和团体年金保险；
个人寿险、个人健康险、个人意外险和个人年金保险。

比如：
公司员工福利计划中的航空意外保障：团体意外险中的交通意外保险；

给孩子买的重大疾病保障：个人健康险中的重大疾病保险；

给配偶买的身故保障：个人寿险中的定期寿险、两全保险、终身寿险或个人年金保险（这些产品都能提供身故保障）。

人身险产品的保险责任其实有不少，但是根据产品的主要责任最终都能分类到上述四种保险产品类型和两大渠道当中。

说到某个具体产品，**国内保险产品是有命名规则的，大致为：保险公司名称＋可选的吉庆名字＋具体保险类型。**

请注意，吉庆名字纯粹就是为了产品叫起来好听，没有其他用途。

下面以平安人寿这些年卖得比较火的"平安福"系列来给大家进一步说明。一个平安福保险计划通常是：

（1）主险　平安平安福终身寿险（前两字"平安"即代表命名公式里面的保险公司名称，"平安福"代表吉庆名字，"终身寿险"代表这个产品为个人寿险产品中的终身寿险）。

（2）附加险　平安附加平安福提前给付重大疾病保险（2014）（前两字"平安"代表命名公式里面的保险公司名称，"附加"代表是附加险，"平安福"代表吉庆名字，"提前给付重大疾病保险"代表这个产品为个人健康险中的重大疾病保险，保险金给付形式是提前给付，"2014"代表2014年开发的版本，2014也不代表啥，不一定保障内容就没有2016或者2020好，也纯粹就是个命名后缀）。

除了平安福主险和附加重疾险，可能还有其他附加险，一般从名字大致就可以看出它们的保障内容是什么。保险公司，特别是个险代理人渠道，通常偏好将多个产品包装成一个产品计划进行销售。

无论大家购买了什么保险计划，请记住，所有保险计划都是由保险产品组成的。无论如何设计搭配，无论启用什么样的保险营销计划名称，保险计划的最基本组成单位就是各个单一的保险产品。

实际上，上面举的平安福保险计划组成的（1）和（2）项两个保险产品所提供的保险责任，也可以合并在一个重大疾病保险产品里提供。

保险的主险和附加险有什么区别?

在个险产品范畴，主险通常因为单件保费较高，能支撑业务开展成本，保险所含的费用可以打得比较高，因此可以单独销售。

附加险保费通常绝对金额比较低，如果单独销售，不太能支撑业务开展成本，因此通常采用与主险"搭售"的形式。

保单内容是怎么定的？

保险产品定价，通俗点说，就是如何计算保险产品的保费，这光在精算师考试里就要花两三门大科目去测试掌握情况，再加上实务工作中会遇到无数种在教科书和考试材料上无法预知的情况，因此在这本面向非精算专业人士的书中肯定是无法讲述清楚的。

但是，可以从保险公司的利润来源和大家间接解说一下保险公司的定价原理。**保险公司有三个利润来源，也就是常说的三差：死差（发生率差）、利差和费差。**

下面用一些极其简化的例子和你们说一下这三差，也请注意，我们在实际产品定价工作中遇到的情况会远复杂于这些例子。

死差：比如保险公司在设计某款寿险产品的时候，预期每1000个人中会有10个人死亡（所谓的"预定发生率"），但是最后只有8个人死亡，少发生的2个人死亡带来的死亡成本减少就是死差益；反之，如果最终有13个人死亡，那么多出来的3个人的死亡成本就是死差损。

根据产品不同，国内人身险产品定价参考了包括目前最常用的法定的《中国人身保险业经验生命表（2010—2013）》和《中国人身保险业重大疾病经验发生率表（2020）》，也包括国家统计机构出版的各种人口、卫生统计年鉴里的数据，还包括再保险公司提供的发生率和保险公司（主要是大型保险公司）的自身承保经验等。

基础定价发生率将根据实际承保经验的发展会有适时更新，比如《中国人身保险业重大疾病经验发生率表（2020）》就是监管指导中国精算师协会对原《中国人身保险业重大疾病经验发生率表（2006—2010）》进行的修订更新。

顺带一提，编制《中国人身保险业重大疾病经验发生率表（2020）》的基础数据规模之大、质量之高，称为世界第一亦不为过。

……覆盖自重疾险产品问世至2018年底20余年的全部历史数据。项目组先后四次组织全行业补充数据信息，梳理疾病保险产品约2900款，摘录疾病160种，收集承保数据近4亿条、理赔数据约587万条。同时，针对约75万件未知癌症病理、死亡不明确、病因不明确等赔案信息不完整问题，组织保险公司通过查询原始卷宗等方式进行人工补录。[①]

插播这个内容的原因，和在本书的前面部分介绍我国偿付能力监管一样，就是想说明我国在金融业很多方面的工作实际是领先于国际的。

利差： 保险产品定价都会使用一个预定利率。打个比方，年利率是 3.5%。如果保险公司进行投资后实际获得的年回报率是 4%，那么 4%-3.5%=0.5% 就是当年获得的利差益；反之，如果实际投资回报率低于 3.5%，就会形成利差损。

这里需要特别说明一下，由于财险公司多数都是短期险产品（即保险期间为一年期或以下），利差对财险公司的利润影响不会非常明显，但对销售的保单保险期间动辄数十年的人身险公司来说，利差对它们的利润影响会非常大。学过一些基本金融知识的人肯定知道，即使每年有 0.5% 的投资收益率差异，由于有复利的影响，在几十年的跨度下最终差别也是惊人的。

费差： 如果保险公司运营一个保险产品，预计每获得 1000 万元毛保费时将需要 100 万元的费用（所谓的预定费用率），但

---

① 中国精算师协会，中国精算师协会就《中国人身保险业重大疾病经验发生率表（2020）》答记者问，http://www.e-caa.org.cn/systemNews/show/8a7da90a756aa65101759749273503ca?str=%E5%8A%A8%E6%80%81%E8%A6%81%E9%97%BB。

是最后只付了 80 万元的费用,那么这 20 万元省下来的钱就是费差益;反之,超过 100 万元的部分就是费差损。

这三差之和就是某个保险产品为保险公司带来的利润[①]。

说到这里,大家可以猜猜,目前中国的保险公司最主要的利润来自这三差中的哪一差呢(请注意本书的讨论范围已经缩小到人身险公司了)?

你可能会想,保险公司就是干保险的,肯定是赚发生的保险事故比预期少的钱。

错!目前大部分的保险公司,尤其是人身险公司,最主要的利润来源是利差,而且占比非常大,其次才是死差,最后才是费差(很多保险公司实际都是费差损)。

死差并不是保险公司主要利润来源的原因是:目前死差的根源,比如死亡率或者经验波动更高的重大疾病发生率,及其对未来发展趋势的预期,其实都相对比较稳定了,定价时保险公司对预期发生率也会留有一定安全边际,保险公司能较好地判断保险事故实际发生的概率和预期发生的概率不会相差太大。

不仅如此,一个具备良好风险管理制度的保险公司,经常会

---

① 除非这个保险产品是分红险,这些利润的很大比例将会作为红利支付给保单持有人,这也是你们买分红险时看到红利演示说明书里最后真正能到手的红利的实际来源。

选择把这些发生率风险通过再保险①转移给再保险公司，以进一步减少死差经验的波动。

还有，由于各种原因，比如为了达成保险公司经营最主要指标的保费收入，目前保险公司很大一部分主推销售产品，是保费很高但保障内容较低的所谓"储蓄型产品"和看起来是保障型但是又有相对很高现金价值的保险产品，比如终身寿险和终身重大疾病保险。

这里的储蓄型产品的风险保额②比较低，用个粗略的比方，可以简单地认为，储蓄型保险产品的1000元保费只能买回来1200元保额。保费中的大部分，比如其中的900元都要用于投资给你带来投资收益的，而只有50元才是为你带来真正的保险保障的风险保费成本。这么一丁点保费占比的风险保费，可想而知能贡献出多少死差。

因而，利差对保险公司利润的贡献非常大。在一定程度上，国内人身险公司被认为是投资公司也是有道理的。

我其实想从保险公司的利润来源带出一个话题：既然死差不是保险公司的主要利润来源，那么发生保险事故后会不会出现你

---

① 再保险是保险市场里对原保险承接风险的再一次风险分散，再保险通常由专业再保险公司开展。
② 风险保额一般通过基本保险金额减去准备金计算得到，如果无法获得准备金的数据，现金价值可以用作近似替代。比如：打开你的保险合同，你的保险金额是10万元，而首年末保险现金价值为2万元，那么你的风险保额数值即为10万元-2万元=8万元。

经常在新闻中看到的,保险公司看起来总是故意不赔?

我在这里先要抛出一个被人嫌弃的观点:
中国的保险公司是弱势群体。

看到这句话,很多人心里肯定立刻骂娘。

俗语有云"一人卖保险,全家不要脸",大家都耳熟能详,我们从事保险行业的也都知道。

到社交媒体上随机以某个保险公司的名字作为关键词搜索,大概率都能找到投诉这个保险公司"这也不赔那也不赔"的新闻。

但我刚才不是说了,现在人身险公司的主要利润来自投资收益。虽然保险公司确实能通过"故意"少赔拒赔一百单节省下来一点成本,但这种"收益"不如让自己资产管理部门的同事好好把投资收益率做上去 0.1% 来得更简单些。冒着被消费者去监管部门投诉、拉横幅、营业场所中断日常工作秩序,甚至自己员工有被责骂、殴打等风险,就为了省那么点钱,没有太大必要。

刚才也有提及,现在一个风险管理良好的保险公司都会为自己的承保风险进行周全的再保险安排,甚至不少时候理赔的很大一部分金额实际是背后的再保险公司兜底,保险公司只占一小部分,为了带来更好的"容易赔"知名度,很多保险公司还乐意赔,加速赔。

所以,我要认真地说:只要符合保险条款中保险责任事故定义的理赔,并且如实完成了投保时需要你回答的投保告知,通过

了核保，无论你买的是大保险公司还是小保险公司的保单，保险公司一定会赔，概无例外。

但是，还是请注意，你的理赔必须符合保险条款定义。比如，你不能拿原位癌的诊断证明去索赔重大疾病保险里的重大疾病保险金责任，因为重大疾病保险中的重大疾病保险金里的恶性肿瘤责任标准定义，已经明确将原位癌排除在外了[①]。

产品定价时计算的保费就是不包括原位癌的发生率的。市场上有通过轻症（可以认为是病情相对较轻的重大疾病）保险金责任，额外保障原位癌风险的重大疾病保险产品，但是一分价钱一分货，同等条件下的产品保费肯定会更高。

很多人觉得诸如重大疾病保险中的定义实在"烦琐冗长"，但正是因为"烦琐冗长"，才能保证疾病的可量化性，大家才能在实务中进行客观的医疗鉴定操作，进一步统计出可以用于保险产品定价的疾病发生率。

也正是因为如此，我个人是支持把保险条款写成"像裹脚布一样又臭又长"的，这其实是在保护消费者。

像重大疾病保险中最基本的 25 种（2007 年制定）或者 28 种（2020 年制定）标准重大疾病定义，都是由中国保险行业协会和中国医师协会联合制定发布的，并不是由某家保险公司或者保险

---

① 《重大疾病保险的疾病定义使用规范（2020 年修订版）》中对重大疾病保险最主要保障疾病"恶性肿瘤——重度"的定义，指"……下列疾病不属于'恶性肿瘤——重度'，不在保障范围内：（1）ICD-O-3……2（原位癌和非侵袭性癌）范畴的疾病，如：a.原位癌，癌前病变，非浸润性癌，非侵袭性癌，肿瘤细胞未侵犯基底层，上皮内瘤变，细胞不典型性增生……"。

业自己随随便便说了就算的。

索赔"不符合保险条款约定定义"的保险金，是保险公司最常做出的拒赔理由之一，也正是因为这种"拒赔"，经常莫名地造成保险公司故意不赔的形象。我的建议是，保费既然都已经付了，除了销售人员的讲解，自己也应该好好看一下保险合同，这毕竟是自己花的钱。

阅读保险条款有个简单窍门，**重点关注保险条款里"保险责任"和"除外责任"两节即可**，任何保险公司的任何保险合同都有这两节。我们精算工作者在做定价的时候一般只看这两节就够了。

但是，如果你有一天真的碰到了保险事故，而你觉得保险公司还是会"故意不赔"，你该怎么办？

各地银保监局都提供了消费者保护机制，你们可以通过银保监会官网[①]查找你居住地对应监管部门派出机构的联系方式，在有理赔纠纷的时候，这个可以是你觉得找保险公司客服没用后的替代方式。

另外，还记得前面我说过留了一个"大招"吗？

[①] 银保监会官网（中国银行保险监督管理委员会官方网站）：http://www.cbirc.gov.cn。

这里要用一个道德风险的案例展开下去：

每年保险公司都会接到不少很特别的索赔，当然，由于涉及个人隐私，这里无法进一步透露具体信息。这些索赔的其中一个典型，就是不少都是由同一被保险人先后在很多家不同保险公司投保某个特定保险产品责任。虽然在每家保险公司那里可能买的保额并不多，但是所有保险公司下的合计总保额非常高。

由于保险公司之间直至目前都没有系统性的、可靠的大额保单信息共享机制，在这种集中投保发生时不能有效地监测警示，做不到第一时间拒保，最后这些保险公司都承保进来了，接着该被保险人很快就报告出险了。

出现这种可疑行为没关系，因为保险公司开门做生意，就预料到会遇到这种问题。保险公司的理赔核赔人员也不是吃素的，出事后的理赔调查结果显示出险过程疑点重重，并且各家保险公司终于发现该被保险人短期内多家投保，于是各家保险公司联合拒赔。

可事情远没有那么容易结束。调解无效后，此时保单受益方行使法律赋予的权利进入诉讼环节，甚至经常出现保险公司认为已经掌握确凿证据大概率会胜诉的案件最后败诉了。

我说的这种案例不是个案，经个人粗略估计，目前保险公司 5%—10% 的赔款，都和这种不完全满足保险合同条款约定的理赔有关，这个比例在健康险特别是重大疾病保险的赔付中可能更高。

以目前的环境，在保险公司和保险事件当事人有利益冲突时，通常认为金融产品具有复杂性，作为个体消费者的保险事件当事人经常处于纠纷中更需要被保护的位置。并且舆论上也常有"保险公司那么有钱，无论谁对谁错，保险公司都应该赶紧息事宁人"这种看法。

这也是我一直说保险公司是弱势群体的原因之一。诚然前面说过目前死差不是国内保险公司的主要利润来源，但是也不希望它变成亏损来源。

为什么有些人投保非常难？

先给大家说一个概念，商业保险承保的基本原则是被保险人在投保时必须是"健康体"或者叫"标准体"（主要涉及身故和疾病相关责任的人寿险和健康险）。

这里"健康体"中的"健康"指的是保险意义上的健康，并不完全对应医学上的健康。比如，有位朋友之前不幸罹患某种恶性肿瘤，可是经过治疗后发现原来的病灶已经消失，并且到现在的十几年里再也没有复发过，每年体检也没有发现其他毛病，他可以被认为是医学上的健康，但他在保险意义上通常被认为是"非标准体"。

而保险产品定价中一个最基本的假设就是：被保险人在投保

的那一刻是一个保险意义上健康的人，亦即"标准体"。

如果大家购买过商业保险，特别是寿险和健康险，肯定遇到过要填写健康问卷，比如询问你的职业、体重、是否吸烟、是否有严重既往病史等问题，并且有可能进一步进行体检和财务核查。这个过程我们称为"核保"。

核保时参考的标准叫作核保规则。保险公司一般会基于渠道级别设立渠道通用的核保规则，适用于在该渠道下销售的所有保险产品，同时也会针对特定产品设定相应级别的产品核保规则。

核保是为了帮助保险公司判断你是否属于健康体或者标准体，如果不属于标准体，继而在可承保范围内判断属于哪个等级的次标准体等。次标准体的等级通常通过"评点"的方式实现风险评级，比如次标准体"评点+50%"的意思是，该被保险人的风险发生率是标准体的1.5倍。

不同保险产品由于承保风险有差异，对于该保险产品下的健康体或标准体会有不同定义要求。比如，重大疾病保险比意外伤害保险更关注你的身体健康状况，因此重大疾病保险投保时更倾向于询问你的既往病史；又比如，两全保险的风险保额占保额之比会比较小，健康问卷设计较风险保额占比较高的保障型产品要相对简单。

核保规则还和销售渠道有非常大的关系，甚至同一公司的同一产品在不同渠道销售，比如通过代理人或互联网平台销售，都可能对应不同的核保要求。

保险公司限制只有健康体或标准体，或者一定等级以内的次标准体等，能通过核保过程的人方能投保，原因是让实际承保风险尽可能和定价时的假设一致，减少"逆选择"[①]和道德风险，并减少未来理赔上不必要的纠纷。

保险公司表面上可以通过加费等手段，接纳一定范围内的次标准体被保险人投保，但是一般认为的次标准体的评点，实际并不能足够反映出次标准体的实际风险。

虽然很多保险公司的核保手册评点最高可以拔到 +400%，保险公司也使用了体检等手段，但毕竟现在再详细的体检也不可能完全看清楚人体复杂的情况，特别是既往病症较多的人士。因此为控制风险，很多提供评点加费接纳次标准体的保险产品会设一个评点接受上限，比如评点 +150%，超过这个水平的一律拒保。

保险公司的定价数据也不支持大规模承保次标准体业务，发生率的统计终归是基于健康人群，次标准体的案件数量较健康体的案件数量要少很多，通过对应人群数据得出的结果的统计学可信度要差几个档次。

如果被保险人的条件符合保险产品对应的核保要求了，就代表保险公司愿意承保这款保险产品下对应保险责任的风险；如果不符合核保要求，保险公司将视潜在被保险人的具体风险评估情

[①] "逆选择"是一个保险术语，指投保人或者被保险人感觉到，甚至明确知道身体有一些健康上的不利情况。无论是否主观想隐瞒，可能会想办法尽快购买保险，到时万一真的出现保险事故，也可以向保险公司索赔。无论这个索赔最终是否会成功，至少能用相对少的保费换取一个获得保险金额的机会。

况，采取拒保、延期承保、加费承保或者除外部分保障后承保等操作。

不少朋友也会问"我曾经或现在患有某种疾病，被拒保了，能不能介绍一些我能买的保险产品给我"，我其实是无法提供答案的。撇开价格因素，保险公司宁愿不要这些业务，也希望承保风险在可预测范围内。一个业务总体越接近标准水平，它的预期波动就越小，越利于控制风险。

所以，千万不要等生了病（专指大病，感冒这些不算）才想起买保险，买保险确实买得越早越好，在自己的身体状况是健康的时候购买保险是最好的选择。

当然，不同保险公司的核保标准会有所不同。对于同一类型的保险产品，一些公司的核保规则可能会严格点，另外一些可能会宽松点，这取决于不同保险公司的风险管理风格。所以经常会碰到一些情形就是，很多"边缘"投保件被这家公司拒保了，而另外一家保险公司却愿意承保，这在能代销多家保险公司保险产品的经纪人代理渠道特别明显。

总的来说，由于人身险产品的核保标准在行业内共识度较高，保险公司背后提供风险分保安排的各家再保险公司之间的风险指引和核保手册差异实际也不大，目前在不同保险公司之间进行风险套利的机会虽然存在，但获益空间不大。

还有一类人，即使身体状况可能仍然很健康，但还是很难买到商业保险，这些人就是长者，这里特指年龄超过60—65岁的人。而老年人保险,专门指投保年龄一般只设置了60岁或以上的保险。

请注意,投保年龄不是保险年龄,很多保险可以保到60岁以上甚至终身,但是一般要求最高投保年龄不超过55—60岁。比如一位40岁的朋友可以投保的保险,它的缴费期可以是20年,他在40岁到59岁都须按期缴纳保费,而保险期间可以超过20年,比如保障50年,直到满90周岁前。这些保险不属于老年人保险范畴。

长者们买不到保险的主要原因,是能卖给他们的保险保费太"贵",被认为"性价比低"。

以写书这一刻中国内地保险公司评估身故风险最常用的《中国人身保险业经验生命表(2010—2013)》"非养老类业务一表"中的男性死亡率为例:

"一个在30岁生日当天身体健康的男性,在他生日后一年内死亡"的概率(你看,我们精算对死亡率的定义多拗口)为 0.797‰;

40岁男性为1.651‰;

60岁男性为9.161‰;

80岁男性为82.220‰。

数字最能说服人,很容易得出60岁时候长者的死亡率是30岁时候的10倍多,而80岁时候的死亡率更是30岁时候的100

倍以上。显而易见，**老年人保险不是贵，而是大部分人不会意识到长者年龄段的风险有那么高。**

如果用一个简化的一年期定期寿险产品定价来进一步说明，假设除了死亡发生率成本，还有 20% 额外成本作为保险公司各种运营成本和一点利润要求。

你如果打算买一年期 10 万元身故保额，30 岁的时候只需要：

$0.797 \times 100000 \div 1000 \times (1+20\%) \approx 96$（元）

40 岁的时候就需要：

$1.651 \times 100000 \div 1000 \times (1+20\%) \approx 198$（元）

60 岁的时候就需要：

$9.161 \times 100000 \div 1000 \times (1+20\%) \approx 1099$（元）

80 岁的时候就需要：

$82.220 \times 100000 \div 1000 \times (1+20\%) \approx 9866$（元）

不同年龄段产生的巨大的保费差异使人到了 80 岁时内心容易计较：是不是我今年没出险，这近万元保费就要亏了；如果明年我继续不出险，岂不是近万元保费又要再亏一次？

你看，80 岁的时候要花将近 1 万元才能买到一年保险，而且保额才 10 万元。同样保额的一年保险在 30 岁时只要花 96 元，你保险公司怎么有脸卖那么"贵"的老人保险？反正很少有人会意识到，从统计学的角度来看，自己的风险在这个年龄其实已经非常大了，横竖都只会觉得不划算。这种单纯因为年龄形成的风险差异，如果放到健康险当中会更明显。人们却忘记了和这"亏掉"的保费相比，又能多活一年是多么幸福的事情。

在前面的文字中，我已经说了"保险公司是弱势群体"这种遭人嫌弃的观点，这还是保险公司面对一般人时作为的"弱势群体"。真要是保险公司和上了年纪的人之间出现了理赔纠纷，以现在社交媒体的传播效率，保险公司仅仅被贴上"这也不赔那也不赔"的标签算是轻的了。

如果有人曾经为自己家的长辈筹划过商业保险，肯定会发现中国内地市场上的老年人保险产品，相对于年轻人、中年人可以说非常少。即使发现有，保险公司在相关保险产品定价时也加了不少安全边际。比如上面提到 80 岁男性的身故发生率是 82.220‰，精算就将发生率的安全边际设为 50%，去包含上面涉及的基础发生率以外的各种营运风险，那最终的定价发生率就是 123.33‰，使得保费"贵"上加"贵"，销售更加困难。

所以说，保险公司开发长者保险不容易，老年人保险在我国人口老龄化的进程中，表面看起来是一块巨大的蛋糕，但不是每家保险公司都有勇气和能力去切这个蛋糕的。

正因为上面说的这些原因，与其购买不得不使用这种定价逻辑的纯保障型的老年人寿险和健康险保险产品[①]，我个人建议还不如以储蓄型为主防范风险更好，这更能满足多数人在这个年龄段下的消费心理。

---

① 本书后面章节会进一步阐述如何安排养老保障。

一些投保常见的基本术语

再说一些关于保险产品的基本术语,在购买保险的时候非常有用:

什么是保证续保和保证费率?

什么是长期险和短期险?

什么是每年续保费率和均衡费率?

这些知识点实际上相互关联,因为相关监管规则和实务上的各种情况,解释起来比较拗口(也可能是我水平有限),这也是我认为本书最难理解的部分。我们在购买保险特别是健康险中的医疗险时经常会遇见这些术语,所以请一定花点耐心看完。

保证续保指的是,当"保证续保"的保险产品保单(保证续保与否的议题通常围绕的是保险期间为一年的短期险,后续很快会具体介绍什么是短期险和与之对应的长期险)生效后,保险公司即使理赔经验很差也无法单方面终止保险合同,必须按照最初投保时约定的保险条款及保证费率条件继续承保。

除非投保人自身原因终止合同(比如主动退保,或者保的是医疗责任,但被保险人去世,保险标的不再存在),或者达到保险条款中约定的合同终止条件(比如费用补偿型医疗险理赔金额达到保额上限),否则该保险将一直有效,直到约定的保证续保期间结束。

在约定的保证续保期间结束前，无论该保险产品赔付情况有多差，保险公司都无权终止保险合同或者调整保险条款中约定的保险责任（比如初始约定赔付比例是 100% 的，保险公司不能因为赔付得太多，在下一保单年度就将赔付比例降低至 80%）。

保证费率可以根据保证程度不同分为三种：

如果保险产品是"硬"保证费率[①]，保单生效后，即使该保险产品理赔经验很差，保险公司也无法单方面修改保险合同首次生效时约定的保险费率，除非投保人主动终止合同，否则这个保单都只能按首次投保时约定的费率承保下去。

如果保险产品是"软"保证费率，保单生效后，保险公司可以在理赔经验很差时，有权利根据保险合同中约定的费率调整机制修改后续承保年度的保险费率，但由于这个调整机制一般定义了保险费率保险公司每年可以调整的上限，保险产品在整个保证续保期间费率可调整的幅度是有最大上限的。

如果保险产品是非保证费率，保单生效后，如果理赔经验很差，保险公司有权利调整后续承保年度的保险费率，并且理论上这个调整幅度不设上限。

---

① "硬"保证（Hard Guarantee）、"软"保证（Soft Guarantee）和非保证费率（Non-Guarantee）常用于描述保险公司和再保险公司之间传统再保险业务再保险费率的保证性，我借用来描述销售对象是自然人的原保险（相对于再保险）产品的费率上了。

在写作本书这一刻的中国内地监管下，保证续保保险产品的费率一定是"硬"保证或"软"保证之一，"软"保证费率目前主要适用于保证续保期间长于6年的长期医疗险；非保证续保保险产品的费率不可能有任何形式的保证，因为非保证续保因素保险产品可能停售，也可能调整保险责任，即使费率保证，也没有意义。

请特别注意不同国家和地区受监管不同，一些字面相同的保险术语在不同地方可能会有不同定义。以我国香港地区为例，当地销售的长期险或者声称"保证续保"的一年期保险产品实际可以使用非保证的费率。

关于"保证续保"和"保证费率"的内容，各位读者可能还需时间消化，但是不难发现，只有这些一年期保险产品同时提供"双保证"，即保证续保以及费率"硬"保证，对投保人或被保险人来说，才能最大限度地锁定未来不确定的风险。

即使是保证续保搭配"软"保证费率的保险产品，投保人或被保险人仍然会面临一定程度保费上涨的风险。

完全非保证费率，或者是只要不保证续保的保险，都无法锁定长期风险。

这里接着介绍长期险和短期险。

长期险：主要是保险期间为一年以上的保险，或者保险期间为一年但含有保证续保条款的保险。从市场已有产品来看，长期险多数是寿险，包括两全保险、年金险、定期寿险、终身寿险（无论是分红型还是非分红型），以及健康险中的重大疾病保险、护理险和一小部分医疗险。

短期险：保险期间为一年或少于一年，且不含保证续保条款的保险。短期险多数是意外险（当然长期意外险也很常见）和健康险中的医疗险，寿险和重疾险也有不少短期险产品。如果预期某个保险产品理赔经验波动很大，短期险的形态搭配非保证费率，保险公司可以很方便地根据承保经验调整保费费率，甚至直接停止销售，以控制风险。

短期险的费率在实务中易于制造价格便宜的"错觉"以方便销售。前面那个一年期定期寿险产品的保费计算例子还记得不？10万元保额30岁保一年的费率是96元，40岁的时候保一年是198元，60岁的时候保一年是1099元，销售的时候一般都会说"最低96元起"。这个在各行各业广告中经常看到的"起"字，在保险公司的销售文案中也会用，使你容易忽略随着年龄增长后那么"高"的费率，先把你吸引上船再说。

虽然业内更习惯于简单按保险期间长短，来区分长期险和短期险，但是上面长期险和短期险的定义我"擅自"扩大范围，使用了现行监管规定中长期健康险和短期健康险的定义[①]，将含有保证续保条款的短期险全部归为长期险，以更好地反映此类短期险产品实际全部具有长期风险的实质。

---

① 中国银行保险监督管理委员会，《健康保险管理办法》，2019年10月。

长期险和短期险这两种类型产品的精算处理方式差异巨大，保险责任的风险责任内容需要完全反映在产品定价模型当中。含有保证续保条款的短期险产品具有长期风险这一事实，使得它必须按照长期险方式定价，事实上保险公司也是这样做的。

这里再举一个例子，更好地说明长期险和短期险的定价差异到底在哪里：

现在是2022年，如果30岁的你购买了一个可以保到99岁的长期险（强调一下，这里包括了含保证续保的一年期保险），保险期间还有68年，那么精算工作者在产品定价模型里对你的保单负债（你购买保单形成的保单权益对保险公司来说是负债，需要相应提取准备金并考虑偿付能力），和进行相应现金流测试时需要考虑：

你保单2022年的负债

你保单2023年的负债

你保单2024年的负债

…………

你保单2088年的负债

你保单2089年的负债

你保单2090年的负债

这就是长期险产品定价模型，在今天就要考虑你未来长达68

年的负债和现金流。

而如果你今年 30 岁，买了一个虽然声称可以最长保至 99 岁，但实质非保证续保的短期险产品，那么定价模型里面这个产品的负债就只需要考虑：

你保单 2022 年的负债

然后，完。

对的，短期险我只需要考虑你 1 年的情况就好了。

68 年 vs 1 年

所以，长期险并不仅仅是将保险期间设置成长期那么简单，保险公司因为在 2022 年开始承保的这一刻就为被保险人锁定了未来 68 年的风险，需要按相应的风险性质提取准备金并考虑其他对应风险控制措施。

这里之所以花费如此长篇幅讨论"保证续保"，是因为前几年在短期医疗险产品的销售中，"连续投保"等宣传字眼引起了消费者的疑惑，导致监管部门不得不发布相关规定规范了与"续保"相关的定义。

再提醒一句，本书的讨论范围已经缩小到人身险公司，不讨论财产险公司销售的产品。**财产险公司销售的人身险产品受经营**

牌照限制，一定是短期险产品，不会有保证续保，更不用说保证费率了。

短期险虽然可以通过每年续保提供一年以上的保险期间，但是，除非短期险的续保在条款中明确约定了"保证续保"，否则来年这个短期险产品可能会停售，无法保证你一定能续保到原产品。

你当然可以重新去市场寻找有没有类似的产品，但新产品的保险条款和价格可能会发生变化。更重要的是，你的身体状况那时也许发生了变化，或者你实际是在患病过程中因为保险停售而失去了保险，你不再符合你打算重新购买保险产品的投保条件而被拒保，你的保险因而会被中断。

这个无法重新投保的尴尬情况，在短期健康险，如短期医疗险和短期重疾险里特别常见。我不推荐购买这些产品，正是因为续保并非保证，对应费率也不保证，被保险人无法锁定长期风险。

当然，现在保证续保的健康险产品已经不少见，甚至出现了终身保证续保的医疗险，但是由于风险巨大，目前监管部门对于这些产品要求保险公司设计成费率可调的形态（也就是我说的费率"软"保证），以降低经营风险。

承保一年或通过续保方式承保超过一年的保险期间，相应保险产品的费率叫作 YRT（Yearly Renewable Term）费率，即每年续保费率。从之前那个一年期寿险例子就可以看到，每年需要缴纳的保费通常在下一个保单年度会发生变化,并且随年龄增长而变大。保险期间为一年的产品使用的费率都是YRT费率。

而长期险(除了保险期间为一年或一年以下但含有保证续保条款的保险)大多数采用的是均衡费率。均衡保费指的是,将发生率和利率等贴现计算,形成一次性缴纳的趸交保费,或者有多期保费,但各期保费金额都相等的期交费率。

平时买保险,你碰到的"趸交保费2万元,保险期间为终身"或者"每年交3000元,交20年保至70周岁"这种费率就是均衡费率。

中国内地[①]**的保险产品只要是采用均衡费率的长期险,就一定是保证费率。**

这里通过一个中国保险业的经典风险案例,来说明保证费率对保险公司的风险:

20世纪90年代,由于监管环境未成熟,以及商业保险在中国内地刚刚重新起步,国内曾经出现了一批定价利率高达10%以上的高利率保单(对比目前国内的保险产品,定价利率最高一般也就3.5%),大致可以认为保险公司在几十年里每年承诺给你年

---

① 这里强调"中国内地"的原因是,以区分我国香港地区的长期险产品即使用均衡费率也可能是非保证费率。

利率10%的收益,只要当年买了这种保单的人可以说都是赚到了。要知道投资大师巴菲特都不敢这么保证投资收益,可谁让当年这些保险公司对投资前景如此有信心呢。

这些保单很快变成了保险公司沉重的负债,因为它的投资需要做到每年10%以上,才能保证不会出现利差损。由于这些保单保证费率的因素,保险公司再如何困难,硬着头皮也得履行合同责任。最后在部分公司准备上市前,经监管部门特批,允许使用高出正常不少的评估利率来评估这批保单的负债[1],曲线减轻了这些保单带来的偿付能力压力,改善了报表。

更幸运的是,在后续中国加入世界贸易组织后经济腾飞的大背景下,保险市场也获得了蓬勃发展,保险公司获得了数量级高出一大截的,根据监管新规则合理定价的新业务,填补了这批存量业务的亏损,使得这批高利率保单最后的实际影响并没有那么大,到现在已经微不足道了。

在此后很长一段时间里,监管部门严格规定最高定价利率,仅有极个别惠民保险曾经允许采用最高4.5%的定价利率(虽然这些惠民保险都是对定价利率相对不敏感的短期险)。即使现在名义上已经实行定价利率市场化,监管部门实际仍会对超过特定门槛的定价利率进行审批,以及通过偿付能力间接控制风险,以防再次出现当年那种情况。

---

[1] 负债使用的评估利率越高,负债的现值越小。

分红险和非分红险

还记得保险公司的利润来源三差吗？对于分红险产品，每年这三差利润（有些保险公司实际只分死差和利差）的至少70%必须分给保单持有人，这就是所谓保险分红的来源。而非分红险产生的三差利润则理论上全部归股份制保险公司的股东，或者是相互保险社的保单持有人所有（相互保险社的"股东"就是保单持有人，三差利润实际归保单持有人所有）。

保险期间和缴费期限的选择

每个人当然希望有商业保险可以保障自己的一生，但是从常理可以知道，保险期间越长，保险成本越高，保费肯定就越高。对于保险期间的选择，我觉得就四个字原则"量力而行"。我个人倾向于选择保20年，或者保障到70岁。前者是因为保险期间适中，后者是因为到了70岁，子女差不多都已经成年并工作了一段时间，经济很可能已经独立，那时候自己万一有事，也不会对子女造成太大的影响。

对于缴费期限的选择，我的建议是能缴多长就缴多长，主要原因是消费心理因素。如果我买的是20年交的保险，但是我在第4年出险了，那我岂不是"省"了后面的16期保费。当然，精算师在计算保费时已经帮你安排得妥妥的了，选哪个实际差异不大，只是期交（分多期缴费）更让你们心里好受些。

如何选择适合自己的保险产品？

我们经常说被卖保险的"骗"了，为什么业务员要"骗"你们？这些销售误导的根源是什么？

佣金（或者叫手续费）。

首先声明"佣金"是一个中性词，保险销售人员通过销售保险付出了劳动，理所当然应该获得合理的劳动报酬。只不过这个"合理"实在难以量化，毕竟大多数人都希望收入多多益善。

下面用一个简化的分红险销售例子来说明情况，但请注意不代表真实的数字：

假设一个业务员平均每个月的收入为5000元，也就是一年6万元，在假设期交保费平均实际对手20%佣金率的情况下，单月收入对应需要卖掉保单的首年保费为2.5万元[1]，也就是一年要销售30万元首年保费的保单才能支撑这笔佣金收入。

纯保障型产品的件均保费比较低，大概像定期重疾险或者定期寿险这种，每单的期交保费平均有3000元就已经算很不错了。那么以上面30万元的销售目标来看，他至少要找100个客户才能达到目标，也就是3天要找到一个新客户；但是储蓄型产品的

---

[1] 续年保费的佣金率一般会比首年的佣金率低很多，为方便举例，这里忽略续年保费产生的佣金。

件均保费比较高，每单可能达到 1 万元保费，那么他一年只要找到 30 个客户，就能完成业绩目标。

所以，保险代理人更乐意卖储蓄型产品，这种储蓄型产品的一个典型就是两全保险（分红型）。现在不少保险公司的主力业务品种终身寿险，也可以算是一种保障期间到 105 周岁的两全保险。

如果这些两全保险（分红型）能提供非常不错的投资回报，那自然还是不错的，保险公司提供的分红利率很多时候实际并不低，但问题是，还记得前面说的我们需要给代理人佣金吗？假设你花 1000 元去买了两全保险，实际扣除佣金和其他费用后只有 800 元本金进行了投资，相当于一开始你就"亏"（注意我加了引号）了 20%，后面利率即使很高，也需要很长时间才能填补这个一开始就挖下来的坑。

这就是分红险产品通常保险期间比较长，红利演示说明书也拉得非常长的原因，就是为了吸引你的注意力去看最后那几行在几十年复利下累积的"巨额"红利数字，让你对保单前几年的利益演示数字不敏感，进而促进销售。

不过，内地监管部门对分红型、万能型、投资连结型保险等我们业内称为"新型保险产品"的利益演示说明书有较严格的规定。以分红险为例，早年利益演示说明书里面低、中、高三档红利演示分别对应的投资年收益率也就 4%、5% 和 6%，后续更是进一步调低了红利演示用收益假设[①]，目前低档红利演示实际假设的是没有任何利差可以提供，也就是低档红利都是 0（保险公司分红来源的三差主要是利差占大部分，如果不能产生利差，该产品基本就没有分红的来源）。相比于一些地区的"地下保单"早几年销售时由于处于两地监管之间的灰色地带，演示用投资收益率曾经超过 10%。

你最后拿到的"收益"和你最开始看到演示说明书产生的预期差了太多，即使不觉得被误导，也难免会认为代理人在销售时没有做好解释工作。

从现在网销等各种新型渠道的发展（但请特别注意，网销产品不一定便宜，已经有不少网销产品实际比传统渠道的产品价格还高），以及新媒体信息共享越来越容易，越来越多的人有能力不再通过保险代理人，也有途径可以找到适合自己的保险产品。这种来自传统渠道以外的竞争，有可能让代理人的佣金进行调整，以适合时代的发展。

说到这里，大家应该对保险有了一些初步的认识，接下来我要开始介绍具体的保险内容了。

---

① 在撰写本书时，监管部门于 2022 年 2 月发布了《长期人身保险产品信息披露规则（征求意见稿）》。虽然此文件并非终稿，但可以看到对中国内地保险产品的利益演示再一次加强了限制。以分红险产品为例，未来的利益演示说明书将剔除高档演示，只保留低、中档，而低档实际是无任何红利情景演示，也就是未来分红险其实只有一档有效红利演示。

作为精算工作者和消费者的双重身份,在这十几年的保险从业经历中看到了各种各样的保险消费纠纷和相关处理后,使得我一直很推崇国内的监管体系,这也是我最初到网上宣传保险的原因。消费者不是担心买了保险不安全,买了保险不赔吗?那至少可以相信监管。严格意义上,和所有事物一样,监管也不可能是完美的,但是我们为什么不关注多点"99.5%"的那部分呢?

无论是现在还是未来,保险业肯定还会发生让消费者不满意的保险纠纷,我还能预言其中有一小部分保险公司会有过错。但是如果"保险公司这也不赔那也不赔"这种宣泄式口号占领了舆论,那么只会让那些有保险需求的人退却。本该买保险而最后没买的他们,在面临真正风险的时候无法得到保险的帮助,实在让人觉得非常可惜。

因此,即使被认为是在帮保险业宣传(我确实是),我依然想说,无论是大的保险公司,还是小的保险公司,它们的理赔每天都在帮很多人渡过难关。所以只要经济条件允许,各位都应积极考虑为自己和家人配置商业保险。

我个人的保险产品购买逻辑很简单,在目前中国内地监管体系下,购买保险首先要考虑的不是保险公司的规模和名气等因素,而是价格。哪家价格便宜,就买哪家的产品。当然,保险产品特别是长期险产品影响价格的因素有很多,价格便宜与否一般消费者其实比较难判断,这里只是我个人的观点。

很多人可能会说,是否还应考虑保险公司的服务质量?我个人觉得财产险公司的保险产品,如车险,要求服务质量高点确实有现实意义，但是以很多人身险产品的特性，消费者与保险公司打交道的频次较低，比如身故就理赔一次，不像车险可能隔三岔五就要找客服。因而，如果是人身险产品，我个人认为不需要将保险公司的服务质量作为首要评估的因素。

当然，还是要再次强调以上只是我个人的看法，消费决策肯定因人而异。有些人可能更注重消费体验，他愿意为一些保险公司的品牌或者高服务质量支付高溢价，也并无不可。

可能还有读者要问境外保单的问题。比如，是否某些国家和地区销售的保单要比中国内地保险产品提供的保障更有优势的问题。

其实，以重大疾病保险为例，和很多人的印象不一样，目前中国内地相关产品的保障内容实际是全球最"激进"的，甚至不带"之一"，其复杂程度和创新性远远超过了世界其他地方。甚至有时候一些咨询公司或者外资再保险公司把所谓国外先进保险产品的经验介绍给中国内地，仔细听完，把产品包装底下的内容剖析出来后的感觉是，就这点东西？

我个人建议，判断自己是否要购买境外保单，特别是长期险保单，只需基于一条原则：**你是哪个国家和地区的常住居民，就买哪个国家和地区保险公司的保险产品。**

你是中国香港地区的常住居民，就买中国香港保险公司的保险产品；你是加拿大的常住居民，就买加拿大保险公司的保险产品；你是中国内地的常住居民，就买中国内地保险公司的保险产品。

各国或地区对于非境内常住居民金融消费可能的监管风险和法律风险，以及非境内常住居民身份处理这些风险巨大的不确定性，是非境内常住居民购买境外保险"一票否决"的因素。

比如，你在某一场合遇到某个境外保险宣传它的年化收益有10%，而你有朋友之前购买过这个境外保险公司的类似保险，满期时确实获得了相应的收益。这个境外保险公司也是全球知名的保险公司，甚至它在我国内地通过独资或者合资的模式获得了境内保险牌照经营保险业务（但要提醒一下，这和它的境外保险业务是两个完全独立的业务体系）。只要你不是这个境外保险公司经营地所在国家和地区的常住居民，对于这个境外保险，可以参考我上面所说的原则考虑"一票否决"。不过，如果购买这些境外保险对你来说只是一点可有可无的"小钱"，你就当我没说过。

回到中国内地市场，目前我们每年新开发的保险产品多达上千种，你没看错，上千种。

这些产品基本都是个险产品，团险因为业务模式，常年用几个产品承保即可。

现在，虚构市场上有一家保险公司叫大唐人寿，它可能会推出一堆保险产品，结合之前介绍过的保险产品命名规则有：

大唐人寿武德重大疾病保险
大唐人寿贞观重大疾病保险

大唐人寿永徽重大疾病保险
大唐人寿永徽重大疾病保险（2020）
大唐人寿永徽重大疾病保险（2022）
大唐人寿尊享版永徽重大疾病保险（2022）
…………

在这些重大疾病保险产品中，一个可能保障 80 种重疾，另外一个可能保障 100 种重疾；一个增加 1 次轻症赔付，另外一个轻症赔付 3 次。

如果用智能手机类比的话，就是我这部手机的摄像头是 1000 万像素，你这部是 1200 万像素；我这部手机的外壳是红色的，你这部是蓝色的；我这部手机的电池容量是 3700 毫安时，你这部是 4000 毫安时。可以想象，仅这些摄像头、外壳颜色、电池容量可以组合出多少种不同的配置？但这些所谓不同的配置其实没有什么重大差异，本质都是手机。

中国的保险公司每年开发如此多的保险产品，出发点基本都是为了满足保险销售渠道的需求。

甚至早就有保障内容基本相同的产品了，但是因为开售时间太久，没有新鲜感了，也要重新开发一款新产品，即使这个新产品和旧产品大多数地方都是一样的。按销售人员常说的话，不变花样就有销售困难。

当然，不仅在保险行业，在任何行业都是销售渠道为王，销售渠道说要什么都要尽量地满足。他们终归是我们的衣食父母，只有他们把保险产品卖出去了，保险公司才能获得保费收入，这些保费收入的一部分才可以拿来给我们这些坐在后台的精算人员发工资。

那么，如何从每年上千款保险产品中，找出最适合自己的保险呢？

在详细说个人保险之前，先着重说一下团体保险。

国内市场上提供保障费率最便宜的保险产品都是团险产品，虽然团险产品已经放宽投保限制，以前是禁止以投保为目的临时组成的团体投保的，比如我和我朋友想买便宜的团险以前是不允许的，现在允许这类临时"拼团"方式购买团体保险。但是，由于这种团体组成人员主要是家庭和朋友，投保模式存在很大的"逆选择"风险，并且管理成本不低，事实上，现在很少有保险公司的团险渠道会愿意接受这种模式的投保。

更多的团体保险还是按传统严格要求以公司或工作单位为整体进行集体投保。

这也是我分享保险知识时经常提及的：**一家待遇好的公司一定会为自己的员工购买周全的团体保险**（顺带复习一下，社保不是商业保险，公司帮你交了社保和购买商业团体保险是两回事）。

团体保险最大的优点是便宜，可以认为是"批发价"的保险，同样程度的保障与个险产品相比，价格可能只有一半，甚至更少。

团体保险还有一个好处是，允许团体内有一定比例的高风险人员参保，比如重大疾病患者、慢性病患者、拒保风险职业者等。这些人员正常是无法购买个人商业保险的，但是通过团险，在一定范围内可以和那些健康的同事一起"打包"投保。

但是团险也有缺点：保险期间一般只有一年，续年需要重新报价。如果今年的理赔经验不好，明年保险公司可能会调整团体的保费，甚至拒保。因为业务模式的差异，团险不太会采用个险那种无论理赔经验多差都要保下去的长期险。

常见的团体保险计划可能包括以下核心内容：

（1）疾病身故保障：每人50万—200万元保额（承保险种一般为：大唐人寿**团体**定期寿险。和个险产品不一样，团体定期寿险产品即使保险责任写的是保的是身故责任，即疾病身故和意外身故，但一般只承保疾病身故责任）；

（2）意外身故保障：每人100万—300万元保额（承保险种一般为：大唐人寿**团体**意外伤害保险）；

（3）重大疾病保障：每人10万—50万元保额（承保险种一般为：大唐人寿**团体**重大疾病保险）；

（4）门急诊保障：无论费用是否已在社保范围内报销，保额每人每年3000—5万元（承保险种一般为：大唐人寿**团体**门急诊费用医疗保险）；

（5）住院保障：无论费用是否已在社保范围内报销，保额每人每年5000—10万元（承保险种一般为：大唐人寿**团体**住院费用医疗保险）；

（6）女性生育责任：每人每次生产额外医疗费用5000—2万元（承保险种一般为：大唐人寿**团体**女性生育医疗保险）。

实际上，就算把上面所有责任都保全了，且保到最高保额，一个平均年龄为35岁的团体，每年每个人的保费最多也就3000—5000元，摊到每个月也就几百元。这显而易见是一种性价比很高的员工福利，我想不少人的饭补都比这个要高。

中国部分福利待遇最好的公司，甚至把自己员工团体保险计划中成本最高的医疗保险的保障范围扩展到了昂贵医院。这里所说的昂贵医院不是指某些民营医院派系，昂贵医院的"昂贵"在保险业是一个中性词，仅描述在这些医院就医费用非常高，并且完全由患者本人自己承担。

也就是传说中的"我去昂贵医院生小孩，医疗费用也能报销"。甚至有些公司把员工的配偶、子女和父母都纳入团体保险计划的保障中。

但就算团险如此有性价比，在我工作那么多年以来经手过的团体保险计划里，能达到我认为是满意水平的业务占总案子数的1%都没有。新闻里听说过不少企业提供姨妈假、世界杯假等，但提供团险这种实打实福利的倒是非常少见。

团险市场历来以恶性竞争著称，可以找几个保险公司报价一起来竞标。到它们官网搜索客服电话，只要该保险公司在你们所在地区有分公司,那就让它们派团险业务经理上门竞争吧。

好公司不好找,如果我的工作单位没有团险或者有团险但保额感觉不够,我以后也可能会跳槽,我想自己买,有什么推荐吗?

之前在知识问答网站有朋友提醒我,我的保险知识回答最好不要涉及具体的保险产品名称,不然可能会有营销广告的嫌疑。

我的回答是:我虽然很理解产品推荐是瓜田李下之事,但正因为我是工作多年的精算师,作为专业人员,我一定要指名道姓地推荐哪个保险产品是我个人认为国内最好的,这样让普通消费者少走弯路,才不负我的专业知识。

不过,由于现在是书本的形式,存在时效性因素,无法在这里推荐具体的保险产品,但是产品的大类还是可以推荐的。

第一个推荐的保障其实不是人身险产品,而是我认为家家户户一定要购买的财产险产品:房屋保险。

尤其是发生了上海胶州路大火和天津港爆炸后,看到那么多不幸痛失家园的人需要用各种事实上不太管用的方法,想去追回财产损失的价值。其实平时只要买了一个房屋保险,就在很大程度上可以抵御这些风险。那么这种保险的价格是多少呢?

500万元房屋主体保额,保障因为火灾、台风、暴雨、泥石流等造成的房屋主体结构损失,现在成书这一刻常见的网销产品保费也才两三百块钱一年(房屋险其他责任按需投保,我个人觉得最多再保个水暖管爆裂即可)。

所谓主体结构损失,可以认为是房屋主体结构受损后(比如,楼下装修把承重墙拆了让家里出现大裂缝,或者隔壁发生大爆炸把你整个家都毁了),恢复到安全居住状态(比如,维修、翻新、加固等)需要的成本。

请注意,房屋保险不会赔你房子的市场价值,因为你房屋的大部分价值其实来自不可磨灭的地价,地价原则上不会遭受损失。地段越贵的地方,地价在房屋价值中的占比越高。

也正是因为这样,房屋险中保额越高,保费并不是线性等比例增长的,保额越高时保费增长的比例越低。但是记住,还是要尽可能买高保额,留着高保额会有用的,记住我的结论就好。

还要着重提醒,绝大多数房屋财产险中地震是标准的除外责任(人身险产品则绝大多数不除外),也就是说,地震把你的房子震塌了,保险公司是不赔的。保地震还需要购买额外的房屋地震附加险。

可惜无论是从上海胶州路大火还是从天津港爆炸的实际理赔经验来看,购买房屋险的人非常少。难以想象现在不少城市房子动辄几百上千万的情况下,房屋保险这种只需花一点钱就可以为投保人带来安心的东西,却很少有人主动去投保。

这东西才是真的保佑家宅平安。

第二个推荐的保险产品是重大疾病保险。

因为重大疾病治疗费用给患者家庭带来严重财务影响的例子太多了,朋友圈里隔三岔五就有转发众筹医药费的,大家经常能遇到。

从保险产品开发的角度来看,介绍重疾险产品须从重疾的类型和定义说起:

可能各位读者在看到市面上重疾险的时候关注点都集中在了宣传常用的"大病""保费返还""有病赔保额,没病当存钱"等字眼,但对精算人员来说,重大疾病保险产品按给付方式区分只有两种:

提前给付型:重大疾病保险金与保单下的产品或产品组合里包含的身故保险金责任共用保额,身故或重疾哪个事件先发生就赔共用的保额,赔付之后,保单立即终止失效。

因为这种产品赔付重疾后,身故责任不需要再赔付,也就是身故和重疾一起最多**只能赔付一次**,因此同样条件下,产品价格比后面要说的额外给付型的重疾产品会便宜。

对于市面上现在很常见的多次给付型重疾险产品,也就是购买这种产品可以因为罹患多次重疾而获得不止一次的重疾保险金理赔。如果发生重疾,给付首次重疾保险金后,只剩下未给付次数的重疾保险金有效,身故责任会终止,那么这种多次给付型重疾险产品仍然被认为是提前给付型重疾。

额外给付型:只要发生重疾,就给付重大疾病保险金保额,保单继续有效，如果产品或产品组合里有提供身故责任的相关保险，后续发生身故时再给付一次身故保险金，很明显，由于它**有可能赔付两次**（得了重疾先赔付一次，后续如果身故，再赔付一次），所以它的价格要比提前给付型产品贵。

对于商业重大疾病保险产品中的疾病定义，监管部门是有严格规定的。简单来说，能冠名"重大疾病保险"的产品，必须按照中国保险行业协会与中国医师协会的重大疾病定义[①]提供这6种保障：恶性肿瘤——重度、较重急性心肌梗死、严重脑中风后遗症、重大器官移植术或造血干细胞移植术、冠状动脉搭桥术（或称冠状动脉旁路移植术）和严重慢性肾衰竭这6种核心重疾。

只有保障了这6种核心重疾的产品，才能被命名为"重大疾病保险"，按照定义附带的标准发生率表，这6种核心重疾占一般人群一辈子能患上重疾的80%—85%。在实务中，我认为仅6种核心重疾中的"恶性肿瘤——重度"理赔占比就超过了总理赔量的80%。

行业标准重疾定义还规定了另外22种较常见重疾的定义，

[①] 写作本书时，最新的重疾保险的疾病定义标准为：《重大疾病保险的疾病定义使用规范（2020年修订版）》，http://www.iachina.cn/module/download/downfile.jsp?classid=0&filename=dfbe46c8f7aa414694e7043603c6fb0b.pdf，一共包含28种重疾定义。上一版本为2007年发布，一共包含了25种重疾定义。两套定义除了对某些程度的甲状腺癌有区别对待外，对实际发生率有重大影响。其余新旧版本的差异可以认为是对重疾定义描述的完善，并没有决定性的差别。

组成了最常见的 28 种重疾组合，这是目前市面上所有重疾保险产品提供的基本覆盖范围。

在中国内地任何一家保险公司购买的重大疾病保险产品，无论是大公司出品还是小公司出品，无论是通过代理人购买还是通过网上平台购买，这 6 种核心重疾或者 28 种标准重大疾病的定义都是一模一样的。

那么，是否存在很多人担心的，买了重疾险到最后保险公司不赔的情况呢？

我需要重申一下，**只要是发生符合保险条款约定疾病定义的重疾，除非是发现投保时故意隐瞒既往严重病史等情况，否则保险公司一定会理赔，概无例外**。现在重疾的定义，特别是 2020 年修订版的疾病定义，是非常清晰的，达到这个定义门槛的重疾是一定会理赔的！

但是，请注意，我反复强调理赔的基础是必须符合保险条款中的疾病定义，以及满足保险条款中保险责任其余部分的约定。

如果没达到这些标准，保险公司是有权利不赔的。因为一分钱一分货，如果连"还差一点点就达到重疾定义标准的疾病"都要赔，重疾产品的价格就不会是现在这个价格了。很多时候这种疾病定义上的"差一点点"导致相应发生率的增加可不是一点点，而是数十倍的差异。

重疾险保障的疾病数是不是越多越好？还需不需要保轻症呢？

刚才说了中国保险行业协会的标准重疾定义只规定了28种疾病，但是市面上很多公司的保险产品会提供超过100种疾病的保障，这多数是在自身产品研究，或者再保险公司的帮助下进行了一定的拓展。这些28种以外的重大疾病定义并没有统一的行业标准，同一病种在不同保险公司的重疾险产品中可能存在不同定义（虽然差别可能很细微）。

对99%的被保险人来说，遇到超过行业28种标准重疾之外的其他重疾的概率实在是微乎其微，保险公司推出这种产品更多是出于增加噱头的目的。

如果增加的这70多种重疾对于费率增加影响不大，比如只比28种基本标准重疾增加了10%的费率，我认为多点保障也是无妨的。但问题就是，现在很多保险公司把这100多种重疾营造成比28种重疾要多了2—3倍保障，保费也顺势加了很多，纯粹变成了一个营销概念。

同理轻症也是，轻症是轻度重大疾病的缩略称谓。虽然2020年重疾定义修订新增了三种标准轻症的定义，包括：恶性肿瘤——轻度、较轻急性心肌梗死和轻度脑中风后遗症，并将原来旧版本重疾定义里恶性肿瘤下的部分高发的甲状腺癌责任转移到恶性肿瘤——轻度的保障下。

但轻症的实际发生率还是说高不高，很多时候受制于医学水平，比如检测手段的局限，很多人甚至没有查出轻症却直接查出了重疾。也就是说，并不是大家所想的那样，我会先确诊轻度重大疾病，然后才会确诊重大疾病。很多时候一个疾病的进展是没有人可以察觉到进展过程的。你得能在重疾还处于轻症状态下被诊断出来才行。

和考虑100种重疾的逻辑一样，如果增加轻症责任后，保费增加不多，可以考虑。如果顺势营销将保费大涨一笔，我个人觉得不划算。

还有轻症多数实际并不能严重威胁人的生命，并不一定像重疾那样需要最好、最及时的治疗，也并不一定会对人的财务状况产生重大影响，治疗费用一般人咬咬牙也能承担得起，我认为只有在增量费率最合理的情况下才需要考虑这部分保障。

以买手机为例子，本来买个手机花了2000元，商家又给你搭售了钢化屏幕贴、手机壳等，然后加收你100元。殊不知，2000元的手机成本就要1950元，利润只有50元，但是屏幕贴、手机壳这种看起来花哨而实际成本很低（可能只有10元）的东西，反而让他赚了90元，比单独卖手机还赚得多。很多保险公司重疾产品多于28种重疾以上部分的疾病，和部分轻症保障项目就是扮演屏幕贴和手机壳的角色。

重疾险应该买多少保额？

首先要记住，包括重疾险在内的商业保险不是免费的，也不属于必需品,它是要花钱的。**无论购买哪种商业保险,购买多少保额都需要根据自身经济条件量力而行。**

由于每个人的风险偏好不同,无法给出一个普适的定量标准。但从充分保障角度来看,根据我们保险公司医学专家的建议,并结合理赔经验,建议重疾保额最好能在50万元人民币以上,因为一般重疾治疗的整体费用,刨除医保支付后为20万—50万元(有些医学专家说得比较"直接":如果那么多钱都治不好,也许可以考虑把钱花在其他地方。虽然医学技术已有长足的发展,但是人类对自己身体的认识实际还是很局限的,很多时候得了重疾也并不是有钱就能找到对应治疗方案的)。

如果经济条件比较宽裕,可以买更高的保额,比如到100万元,这样对患病期间的个人和家庭生活水平也能有一定的补贴,或者能够承担最新但昂贵的试验疗法(比如患病的父亲仍然能资助孩子上各种补习班,比如选用最新上市的药物,等等)。

投保超过50万—100万元或以上保额的重疾险,多数保险公司都会要求体检,通过进一步的筛选和风险控制,由保险公司相应的医学核保和财务核保流程去评估你是否"值"那么多保额,是否需要根据身体的实际情况实施加费等额外承保条件。

还经常有父母问我关于婴幼儿或少儿保险的,其实很多重疾产品是出生满28天的婴儿就可以投保的,重疾险是我认为唯一需要为自己小孩投保的商业保险。

医疗险最好是由父母的工作单位为职工子女投保,让公司买单。少儿医疗险很贵,而一般的医疗费用自己掏腰包也能承受得起。

另外,如果你不懂投资,无法甄别一些投资的基本概念,那么我个人建议不要购买什么少儿教育年金产品等。如果真想为小孩储蓄教育金,每年定投保本型基金基本可以实现,不懂不要紧,存国债总会了吧。投资最大的风险并不是收益低,而是你不了解自己到底买了什么投资产品。

最后推荐的保障大类就是定期寿险。

这种产品在被保险人身故或全残[①]时,可提供一笔保险金用于保障受益人未来的生活需求。典型应用场景像父母购买了定期寿险,如果在保险期间内去世,能为子女提供一笔未来经济保障。

定期寿险在内地市场上是个很神奇的产品,十几年前在当时新发布的《中国人寿保险业经验生命表(2000—2003)》版本的死亡率比上一版本《中国人寿保险业经验生命表(1990—1993)》降低了那么多的情况下,各公司很长一段时间内都没能推出比多年前用老版本生命表发生率定价的某款市场标杆更便宜的定期寿险产品。

一些保险公司后续推出了优选体定期寿险。所谓优选体是保险公司通过体检等风险区分方式,鉴别出它们认为比标准体

---

① 全残一般是指等级最严重的残疾,如双目永久完全失明,两上肢腕关节以上或两下肢踝关节以上缺失,等等。

更健康的人群，这样保险公司就可以为他们提供具有针对性的、更优惠的费率，这些优选体产品勉强把定期寿险的费率拉下了一点。

然而，随着近两年重大疾病保险销售遇到瓶颈，保障型的定期寿险又进入了保险公司销售的法眼，并且由于这些年来定期寿险的实际承保经验确实很好，保险公司对新的这批定期寿险使用了非常激进的发生率进行定价，价格大幅度走低。

接下来说说意外险。

还记得本书一开头问的那个问题：人身保险中的"身故责任"分为几种？

答案是只有两种：意外身故和疾病身故。

这里的疾病身故包括了保险相关新闻报道中很抓眼球的"猝死"。很多时候你可能看到一些新闻报道说被保险人有买保险但是发生猝死后保险公司不赔，其中一个最常见的拒赔原因是他买的是相对便宜的只保意外身故的意外伤害保险，而猝死属于疾病身故的保障范围。

我们加深一下记忆：

意外伤害保险的意外身故保险金只保意外身故。

定期寿险、终身寿险、两全保险这类寿险的身故保险金，既保意外身故，也保疾病身故，所有身故都覆盖。

疾病身故的发生率显而易见会随年龄增长而增长，而意外身故的发生率由于是非人为因素可以控制，同样一个职业的意外风险在很大范围内都是相对固定的。打个比方，同样是坐办公室工作的，一个刚入职的20多岁毕业生和一个50多岁的管理人员，保险公司认为他们的意外身故发生概率在很大程度上是一样的；而如果一个是消防员，一个是教师，很明显意外身故的发生率由于职业差别，风险就会相差很多。[1]

我想说的是，意外险的费率会和职业相关程度更大。但是多少是合适的呢？

前面曾经提过，意外险多数设计成短期险，以方便经验波动时保险公司可以调整费率。即使今年有一款非常便宜的产品，但由于短期险的因素，明年可能就会停售或者调整费率了。

我可以给一个简单的标准，就是看意外险或者意外保险计划（意外保险计划就是两个或以上不同意外产品的组合，其中最主要的产品就是意外伤害保险，意外伤害保险保的就是意外身故和

---

[1] 我写书的这一刻，在监管部门的指导下，中国精算师协会等发布的《中国保险业意外伤害经验发生率表（2021）》里，意外身故的发生率和疾病身故的发生率会随年龄变化而变化，但我个人认为意外风险的首要因素还是职业。现在一些保险公司的意外险产品定价仍然使用与年龄无关的均一发生率。

意外残疾）里，意外身故和意外残疾保险金的费率在每千元保额0.3—0.6元的（1类职业[①]，比如办公室内勤这种），我都认为是合适的，也就是每10万元意外身故及残疾保险金保费低于60元都是价格不错的。

有些意外伤害保险产品甚至1—4类职业都是按一个价格销售的，这种产品对从事较高风险职业的人来说，费率更加划算，因为本质上是用较低职业风险人的保费补贴了较高职业风险人的保费。这类意外保险在保险公司官方网站、官方微信等销售渠道，或者各种互联网保险平台上就有很多，大家搜搜比较下就可以。

再单独说一下养老年金保险。

养老年金保险是以人的生存为给付条件的保险，它承保的是长寿风险（即以人的生存为给付条件的风险，相较于寿险，则是以人的死亡为给付条件），以及更深层次的，隐含在长寿风险下的投资风险。

正常的养老年金保险形态为：在较年轻的时候缴纳分期或一次性保费，换取退休后每年或每月从保险公司定期获得养老金给付直到去世。活得时间长的人，总的来说，拿得更多，因为活得时间短的人养老金拿少了而"补贴"了你。

[①] 国内大部分保险公司按职业风险通常将职业划分为1—6类和拒保职业。在可保职业中，1类的职业风险最低，6类最高。

但是在现实保险产品设计中，还要考虑一个重要的销售因素：被保险人会考虑的，如果我活得比别人短，那我至少要拿回保费甚至利息，不然我岂不是"亏"了，也就是产品设计里需要增加一个保底给付的因素。

这个保底给付因素造成了目前很多养老年金保险其实是变相的终身寿险或两全保险，因为我在死亡的时候要拿到一笔保底的保险金，那么养老（长寿）风险的因素实际就少了。

那种严格意义上的养老险由社保这种主要保费来源实质是社会财富再分配的"公益产品"提供可能更合适。因为在社保保障下，大家对"我一定要在退休后拿到多少多少退休金才不亏"的信念还是会少一点执着。

这也是市面上真正的养老年金保险不多的原因，要么贵，要么保障内容无法满足被保险人对冲长寿风险的需求。

最后说一下医疗险的配置。

前面说过医疗险大多都是短期险，非保证续保，非"硬"保证费率，保险公司在经验波动时候经常选择停止承保或加费，被保险人实质上很难获得预期的长期医疗保障。而医疗险我认为最好还是由工作单位通过购买团险来承保，因为一来我已经说过团险竞争激烈，有利于被保险人，二来医疗险保费价格不便宜，工作单位能买单岂不最好？

如果你们兜里的钱还是太多，而税优健康险[①]购买起来又麻烦了点，就想买个人医疗，可以考虑一下中端医疗保险。

这类产品保额非常高，最高每年有300万元的住院医疗费用额度，对，300万元（恶性肿瘤等重大疾病可能再额外有300万元保额，合计600万元保额），这也是中端医疗保险另一个别名"百万医疗"的来历。

一些百万医疗产品甚至还能报销公立医院特需部、国际部等的费用，而保费也就一年几百元到几千元不等（但需要提醒的是，这种产品大部分是使用每年续保费率的短期险产品，随年龄增长每年交的保费还会上涨，高年龄段可能会达到每年上万元保费）。

这个便宜当然是有代价的：

第一，免赔额1万—2万元，也就是每年符合保险条款可以报销的住院医疗费用及与住院相关的门急诊医疗费用的首1万—2万元部分，由被保险人自己承担；

第二，门急诊费用仅承担与住院相关的责任，也就是门急诊如果最后不需要住院，费用不在保障范围内；

第三，赔付比例，根据具体发生费用的形式和范围会有不同的赔付比例，最低的比例可能只有60%，这需要具体看条款

[①] 税优健康险是指一类健康险产品，作为纳税人的被保险人购买后，可以在应税收入中对缴纳保费部分予个人所得税税前抵扣。税优健康险自2016年试点并在2017年全国范围推出，它主要的问题是因为各种原因形成的复杂购买流程，税收优惠额度有限欠缺吸引力，造成这么多年以来该产品的销售量实际非常少。

约定；

第四，看起来保额非常高，但很多人在最倒霉的时候也很难把这个额度用完（还记得前几页我们保险公司医学专家说过的话吗？），并且在治疗结束前保单可能就无法续保了。

我认为中端医疗产品是未来医疗险的一个发展趋势，也就是最高发而且承保成本最高的，但是一般人自身财务能力多数都能承担的1万—2万元以下的医疗成本让被保险人自己承担，保险公司主要保那些概率比较低的，但是费用非常高的超高额医疗费用部分。这样往常大家都说贵的医疗保险价格整体也能降下来。

但是，这种医疗保险和其他医疗险一样，绝大部分不保证续保，也不保证费率，并且保险公司有权力在未来停售产品或者针对所有承保人进行价格调整，所以，此类医疗险注定只能是一个短期保险配置。

目前，监管部门允许部分保险公司销售保证续保的包括百万医疗产品在内的医疗保险产品，但由于不保证费率（或者费率调整范围有限制），并不能改变它只能作为短期风险配置的本质。

还有需要提醒的是，医疗险的除外责任较一般的寿险还有重疾险只多不少，尤其注意怀孕生产费用，绝大多数医疗险除非有特别约定，否则是不保的。我碰过不少例子就是以为买了个医疗险就想去按昂贵医院生小孩，然后找保险公司报销费用的，咱们保险公司看起来也没那么傻吧？请务必在投保前仔细看清楚相关条款，避免引起可能的理赔失落感和纠纷，这也是为自己负责。

综上，对于个人保险配置，除了重疾险和定期寿险，人身险方面我不太推荐购买其他保险产品。

以上是本书最主要的部分，如果对保险还有相关疑问（很正常）或产生更多兴趣，可以接着往下读。

如何用保险保障你的一生

10个购买保险的
常见问题答疑

1. 保额会因为通胀因素贬值

"我现在购买了一份保额为 100 万元的重大疾病保险，20 年或者 30 年后会不会因为通胀导致这 100 万元到时不值钱了，一点用都没有？"

答 简单来说，保险公司已经通过保险产品定价中的预定利率间接考虑了通胀的影响。

根据监管部门目前的要求，国内人身险公司在产品定价时使用的预定利率假设绝大部分时候不高于 3.5%。这个利率假设可以认为保险公司假设你的保单价值投资回报率在整个保险期间每年有 3.5%。

学过金融知识的肯定知道这个 3.5% 也是一个贴现率，使用贴现率经过贴现计算，将未来的数值转换成可以和当下数值比较的现值。

继续解释下去，计算的示例不可避免，但别担心，这些示例非常简单。为了简化计算和方便演示，需要假设保险事故只能在每个保单年度的起始发生（实务中一般会假设在每段预测周期的中点，比如月度中间或者年度中间），也不考虑任何保险产品的费用假设（保险公司的销售和后勤都不需要拿工资）和利润要求（保险公司股东免费开公司），并且忽略定价中所有涉及的死亡率或者发病率等。

那么在投保 $t=0$ 这个时点，以一张保险期间为 30 年的保单为例，不同保单年度 100 万元保额的现值是：

第 1 个保单年度，保额 100 万元的现值是
100 万元

第 2 个保单年度，保额 100 万元的现值是
$$\frac{100 \text{万元}}{(1+3.5\%)} \approx 96.6 \text{万元}$$

第 3 个保单年度，保额 100 万元的现值是
$$\frac{100 \text{万元}}{(1+3.5\%)^2} \approx 93.4 \text{万元}$$

…………

第 20 个保单年度，保额 100 万元的现值是
$$\frac{100 \text{万元}}{(1+3.5\%)^{19}} \approx 52.0 \text{万元}$$

…………

第 30 个保单年度，保额 100 万元的现值是

$$\frac{100 \text{ 万元}}{(1+3.5\%)^{29}} \approx 36.9 \text{ 万元}$$

可以看到，保险公司在今天计算第 30 个保单年度的 100 万元保额向今天投保的你收取的保费，是按照 36.9 万元的保额现值计算的，而不是按照 100 万元保额。

100 万元与第 2 个保单年度起到第 30 个保单年度止，从 36.9 万元到 96.6 万元不同年度现值之间的差额，你可以认为是保险公司通过预定利率假设，间接为你考虑了那么多年的通胀成本。

也许你深思熟虑后还是会说，我仍然希望保险公司能设计这种形态的保险，能使名义保额增长可以追上通胀的步伐。比如，第 1 个保单年度保额是 100 万元，第 30 个保单年度我希望保额能到 600 万元，这样到保险期间的后期我的保额就不会受通胀的影响了。

把刚才的计算过程中的保额调整一下重新计算，第 30 个保单年度 600 万元保额往今天 $t=0$ 这个时点按 3.5% 年预定利率贴现的现值是：

$$\frac{600 \text{ 万元}}{(1+3.5\%)^{29}} \approx 221.2 \text{ 万元}$$

也就是，其实 600 万元保额下的现值就是 100 万元保额下的现值的 6 倍……

如果将这 30 年间保额递增幅度平均下来，将所有保单年度

的现值加总,这个数值估计要比每年都是固定100万元保额保险产品的现值会高个2—3倍(请注意,这里的计算继续不考虑精算定价使用的死亡率或者发病率等影响理解的因素),也意味着产品价格会高个2—3倍。

在真实世界中,这种保险产品会非常难卖,就因为贵。

虽然一分价钱一分货的道理谁都懂,大家嘴上也说希望未来保额能抵御通胀,但看到保费那么贵是不会买账的,就是那么现实。卖不出去的东西,保险公司自然也没什么开发的动力。

也许有人会问,分红险是不是可以通过分红弥补通胀损失?

请注意,分红险的定价普遍要比纯"消费型"或者"传统型"保险(与"传统型"相对的是分红型、万能型、投资连结型保险,这些保险利益不固定,是可以变化的产品)保守,比如分红险的定价利率普遍都要比传统型保险低。

同等条件下,使用的定价利率越低,贴现率越低,保费就会越贵。保费贵出来的额外部分就是为了以后有余地给你分红,也就是你的分红很大一部分其实是羊毛出自羊身上,来自你已经"额外"多交的保费。很多时候并不是因为保险公司经营得好给你红利,而是你自己在给自己分红。

还有人会问,听说你们保险产品定价实际使用的预定利率只有2.5%、3.5%,为什么会那么低呢?现在找个4%收益的银行理财并不难。

对于保险期间动辄几十年的保单,长期预定利率假设使用年利率3.5%已经非常高了。预定利率的本意就是保险公司相当于向投保人保证未来几十年里每年都能做到 3.5% 的投资收益，无论是从历史经验，还是以现在全球金融体系货币整体宽松的大背景 [虽然部分主要经济体可能正处于加息周期（2022 年）]，这里都承受了非常大的投资风险。

以现在风险等级较低的一些银行理财产品为例，即使所谓长期理财产品的期限，一般也就三五年，与长期保险产品几十年的保险期间显然无法相提并论。在投资领域，即使 1% 投资收益率的差异，在几十年的复利作用下也会造成巨大影响。另外，这些理财产品满期后，能否再次购买到同样收益的产品，也没有任何人可以保证。

我们其实也不能将个人投资与保险公司的机构投资混为一谈进行比较，毕竟两者的目标和责任都不一样。

事实上，目前世界上是不存在完全对冲通胀风险的保险产品乃至金融产品的，即使是市场最能匹配通胀风险的通胀挂钩债券，也都差那么点意思（中国内地截至目前并没有发行过通胀挂钩债券）。

通胀挂钩债券的利率调整有滞后性，必须等挂钩的通胀指数公布实际对应期间的结果后才能开始调整；通胀指数的编制方法可能不能反映实际通胀情况而引起失真。即使在发达国家的金融市场，通胀挂钩债券的发行规模亦有限，远不能满足整个金融市场负债端对于此类资产的需求。

因此，也不会有完全能抵御通胀风险的重大疾病保险产品。

2.住小城市可购保额比一线城市低

"我居住的城市是某三、四线城市,为什么很多保险不可以(网上)购买,或者即使可以购买,为什么可以购买的最高保额比一线城市要低不少?"

🈶 很多保险产品,特别是"便宜"的保险产品,出于风险控制的考虑,倾向在经济相对更发达的地区销售。除了经济和医疗水平相对较好,这些地方的人平均受教育水平也相对较高,政府职能部门或者公立医院(以重疾险为例,它的理赔需要提供中国内地二级及以上公立医院的确诊证明)等机构工作比较规范,保险公司各种风险控制手段和客户沟通比较容易有效率地实施,产品定价以外的风险能相对降低,因此提供的产品价格也可以有针对性的优惠。

但是我国各地经济发展水平仍然有很大差异,虽然大家都说一、二线城市以外的市场潜力巨大,但实际所谓的"逆选择"甚至骗保不少发生在这些地区(一、二线城市也有,但比例相对会少）。由于各种原因，目前保险公司无法有效地控制这些成本。比如，即使保险公司发现了完全是被保险人投保前的自身问题，也很容易被说成是保险公司想赖账而投诉成"保险就是这也不赔那也不赔"，造成不是每个地方的生意保险公司都有胆量去做。即使敢开展这些地区的业务，保费也需要算得贵点（考虑包含这种额外风险成本），这也是这些地方买不到"便宜"保险的重要原因。

控制风险的方法还可以是对不同地区设定不同的最高可以投保的保额，比如某重疾保险产品在一线城市可以买到100万元保额，在其他城市就限制最高只能买50万元，这样即使真的出现了"恶意"投保，也限制了保险公司单件赔案最大的损失。

3. 如实填写小毛病而被拒保了

"我有很小的甲状腺结节或乳腺增生等很常见的小毛病，随访后医生也说问题不大，不需要采取进一步的治疗，可以继续观察，但为什么不少保险产品在我如实填写健康问卷后就无法通过投保流程而被拒保了？"

答 目前市面上最便宜或者说性价比最高的人寿保险产品，通常都是网上销售的（注意用词是"通常"，本书前面已经提过网销产品实际也有卖得比线下还贵的；这里也不讨论以一年期业务为主，个人很难购买到的团险渠道产品）。

虽然网销产品投保流程相对简单，但其实它使用的核保规则是保险公司所有渠道中最严的，因为网销渠道历来是"逆选择"最严重的渠道。

别看保险公司设定那么多风险控制措施，真正实施起来，由于各种原因，能被绕过的还真不少。而且在后续出现可能的理赔时，保险公司即使有充分理由拒赔，不少案子最后出于需要维护品牌形象等原因，不该赔的也可能会赔出去。

为了防止这种额外成本，保险公司在设定网销保险的投保规则上会非常严格，可能会直接拒保一些其他渠道有条件承保的业务，比如被保险人只是有很小很小的甲状腺结节，就是为了尽可能地控制承保业务的风险在可控制范围内。

相比于其他渠道销售的同类保险，网销保险的保额也不会非常高，就是为了防止这些核保规则无法拦截到的"逆选择"风险承保进来后，保险公司在认栽的时候也不会栽得太惨。这和上一问题回答里说的不同地区设定不一样水平的最高投保保额其实是一个道理。

所以，保险产品便宜是有代价的，就是你要在保险公司眼里最大可能的健康，而不是简单的医学定义上的健康。

随着保险科技的发展，一些保险公司在网上销售产品时尝试采用内置一定核保逻辑及风险控制算法的智能核保系统，旨在减少人工核保的同时，尽可能地在线上就可以完成鉴别这些健康体以外的案件，以往一些被直接拒保的业务现在也有可能承保，或者至少有机会有条件承保。

4. 确诊重症，却因未告知无关病史而拒赔

"我被确诊了肺癌，但是保险公司在理赔调查时发现我之前在投保重大疾病保险的健康告知里没有如实告知我有高血压病史而拒赔，请问高血压和肺癌有什么关系，凭什么不赔？"[1]

答 我们在购买保险时都会按保险公司要求填写健康告知以声明投保时的健康状态，根据投保具体险种的不同以及销售渠道的不同，健康告知会有不同的设置。

在最理想的情况下，如果保险公司能对每一个被保险人进行体检以及财务调查以确认其关注的风险点，那么其实不需要健康告知。

问题是保险公司无法承担对每一个被保险人都进行体检及财务调查的运营成本。如果有1万人购买了重大疾病保险，假设对每一个被保险人都进行相关风险筛查的额外成本是每人1000元，总成本就是1000万元；如果对这1万人采用健康告知的方法，

---

[1] 由于我不是医学专业人士，我只是将这两种从名字上给一般人感觉相关不大的疾病用于举例，不代表这两种疾病在医学上的真实关系。

就能省下这1000万元，保险公司仅在这1万人中有人出险时进行理赔调查，成本可能是30人出险每一赔案3000元，总成本也就9万元，和1000万元相比不难做出选择。不少消费者会抱怨为什么保险公司在投保时不好好检查风险，倒是理赔时来挑刺，主要原因之一就是成本。节省的运营成本其实也反映在更低的保险价格上，整体投保人群在这方面是获益的。

从销售体验来说，大部分客户都会觉得买个保险还要专门另外约时间去体检和准备财务资料很麻烦，有时候因为个别项目没有调查清楚，可能还会要求客户补充体检项目和资料，降低了客户的投保意愿。

另外，个人隐私是否会泄露也是很多人担心的地方，客户都希望尽可能少地提供个人信息。渠道方面则希望销售流程越简单越好，以减少客户的抵触，促进成交。

因此，保险公司对于大部分业务都是通过让客户自主完成健康告知，依赖于客户的如实告知来确认投保时的风险是否在可承保标准内。保险公司会设定核保规则，比如在投保重大疾病责任累计保额超过200万元时，才会要求被保险人去参与指定项目的体检，投保的保额越高，会有越多项目的体检要求。这样的体检规则对风险有针对性，也节省了成本，更有效率。

依赖于客户完成健康告知筛查风险的问题也是显而易见的，虽然大部分客户都能做到如实告知，但是仍有小部分客户会选择性告知，甚至实际作为保险公司代表的个别销售人员还会"指导"如何填写健康告知。

还有不少见的情况是，客户不知道怎么告知或者忘记告知。虽然这些年来保险公司已经对健康告知内容进行了优化，但是对于重大疾病保险这种涉及身体情况的保险的健康告知，仍然不可避免地会包括很多专业名词。有时候在健康告知上使用的是正式的医学名词，但是客户理解的是民间通用说法，会说我不知道这里问的这个病就是我得的病，所以我没有告知。还有客户因为时间久忘记了曾在哪个医疗机构看过哪种病而漏掉告知，这些都是常有的事。

这些主观或者客观因素导致没有如实完成健康告知的情况，在理赔调查阶段被保险公司发现后，是引起理赔争议的常见原因。

健康告知实际是一个有逻辑关系的整体，重大疾病保险产品承保的责任也是不同重大疾病的组合。有高血压的人不一定会得肺癌，但是得心脑血管重大疾病的概率肯定会比没有高血压的人要高得多。不能因为现在索赔的是肺癌责任，而认为高血压的告知无关紧要。

即使医学发展到今天，我们对人体的认识依旧非常有限。很多健康告知的内容和设计并不一定有具体指向性，但是一个被保险人如果同时出现了多个健康告知问题，从保险公司的经验来说，是能提示出潜在风险的。所以这里着重强调，健康告知是一个整体评估措施，不能单独一条条拎出来看。

保险公司也不可能去判断客户在填写健康告知的时候是有意或者无意造成的过失，这是不现实的。如果健康告知的过失最终还需要鉴别意图，只会导致更多的争议理赔往无意去解释，因为这种理由实在太多了。

核赔人员经常和精算人员交流此类争议赔案。如果承保的产品涉及再保险分保,一般保险公司负责与再保险公司联系的精算人员还需要征询再保险的意见,个别情况下还需要获得再保险公司授权,否则可能得不到再保险公司相应赔案的分保摊回[1]。

为了保护保险消费者权益及减少这种理赔争议,从多年前开始,监管部门就从源头上也就是保单销售时推广"双录",即对保险产品销售过程中的关键环节进行录音和录像。"双录"除了能规范业务人员的销售行为,也能记录投保人投保时填写的各种投保材料是否反映了自己的真实意愿。如果理赔出现纠纷,"双录"的相关记录就是投保行为是否合规的重要证据。

实际上,保险公司包括重大疾病保险业务在内的大部分理赔都能非常顺利地结案,承保过程清晰无误的业务,获得理赔也是合同约定理所当然的事,但是在目前舆论环境下,个别赔案争议的影响非常容易放大。

---

[1] 如果保险公司将保单的部分风险通过再保险分出给再保险公司,在被保险人发生保险事故理赔时,保险公司将会把赔款支付给保单受益人,之后在再保险账单中要求再保险公司根据再保协议将分出风险的对应理赔部分支付给保险公司,这叫分保摊回。

5. 买保 20 年，保到 70 岁，还是保终身

"请问（同一个保险产品）是应该买保 20 年，还是保到 70 岁？还是保终身？"

答 我曾以为这种问题的答案很明显。保险时间越长，风险肯定越高，成本越大，所以价格更高。有钱的，买保障时间长的；没钱的，买保障时间短的。这不是很容易推理出的答案吗？

偏偏就是如此简单的问题，在我收到的咨询里竟然能排到前三。如果不是因为经济问题，我仔细想了想，可能是因为保险产品定价对一般人还是比较神秘的，大家可能总是想买到最划算的产品。在大家眼里，保 20 年、保到 70 岁、保到终身[1]中应该有一个是最划算的，毕竟保险期间相差那么多。

---

[1] 保到终身其实是保至 105 岁，因为中国现行使用的《中国人身保险业经验生命表（2010—2013）》在 105 岁的死亡率是 100%，也就是被保险人即使庆祝了 105 岁生日，在保险公司眼里这张保单也需要结束，会在到了 105 岁生日那天给付保险金。

保险公司在做同一款产品的定价时，不同缴费期限或者保险期间对应使用的发生率假设，几乎都是一样的，也就是费用假设会有一点差异，但基准是差不多的。正常公司的同一个保险产品，不会一个保险期间的很便宜，而另一个保险期间的很贵（不同保险产品间倒是经常会有差异）。从精算来说，不同缴费期间对应的保费都是在同一个相对价格水平上的。

我个人倾向选择保20年，或者保到70岁。前者是因为保险期间适中，后者是因为到了70岁，子女差不多都已经成年并工作了一段时间，经济很可能已经独立，那时候自己万一有事也不会对子女造成太大的影响。不保终身主要是囊中羞涩。

所以还是要看经济实力，量力而行。

6. 一次性缴清还是分期缴费

"请问（同一个保险）是应该选择趸交保费，也就是保费一次性交完，还是比如分 20 年交好？"

答 我的答案是，缴费期限选择越长越好，有 20 年缴的选 20 年缴，有 30 年缴的选 30 年缴。

举个例子，现在有一份保险期间为 20 年的定期寿险（限长期险。每年续保类型保险产品，也就是事实上的短期险不在本题讨论范围），缴费期间有趸交和 20 年交两种，趸交保费因为一次性要交完所有保费，所以从数值上，毫无疑问肯定是要高于 20 年交的每期保费的。

如果有两位朋友，一位选择了趸交，然后不幸在第一个保险年度里就发生保险事故了；而另外一位选择了 20 年交，只交了一期保费，同样在第一个保险年度里出事了。

虽然这两位朋友都能获得保险的理赔，但是后者"省"下了剩余 19 期未交的保费，就冲这种给你省钱的感觉，也一定要选期交，有多长缴费期限就选多长缴费期限。

其实只要保险责任相同，趸交和期交的保费精算现值是相同的，无论选哪个缴费方式都没有差异，因此选那个让你心里接受度最高的缴费方式即可。

7. 我的商业保险配置方案

"请问,你自己的商业保险配置是什么?"

答 嗯,作为一个精算工作者,无论是虚拟世界还是现实生活中一直被人问这个问题,可能你们认为专业人士购买的保险肯定专业?

由于我目前(2022年)任职的公司已经为我和我的家人购买了不少我认为很充足的员工福利计划(即团险,表1方案我做过调整,不代表一定是我的方案),还有因为我穷,我自掏腰包购买的商业保险比较少,都是作为补充的,主要是为了以后哪天我不在现单位工作了也能有一定的保障。

表1 我的商业保险配置方案

	自己购买的主要商业保险	任职公司提供的员工福利计划
父母	**居住地的惠民保** 本书后面会简单介绍写作本书这一刻在国内市场上非常流行的，由政府主导，由保险公司实际承保的医疗保险。由于老年人购买与疾病相关的保险非常困难，并且保费"非常高"，惠民保通常承保条件宽松，并且年幼、年长都是均一费率，非常适合老年人购买。 **综合意外保险** 典型包含的责任包括：意外身故及残疾，以及意外医疗。保额通常不会太高，并且需要一年一续；在超过某个特定年龄，通常在80岁，就很难在市场上找到续保方案。 购买保费与年龄关系不大的意外险主要是为了抵御意外相关的风险，比如在马路上不慎摔倒。	不包括
本人	保障至70岁的**重大疾病保险**，以重大疾病保险金保额计75万元。	一年期**重大疾病保险**，任职期间如符合核保规则，自动续保（下同），以重大疾病保险金保额计200万元。
本人	保障至70岁的**定期寿险**，以身故保险金保额计200万元。	一年期**定期寿险**，身故保险金保额为60倍月薪。
本人	保证续保6年的"百万医疗"**中端医疗保险**，这里与公司提供的医疗保险有重叠，因为医疗费用无论在哪家保险公司只能理赔一次，购买的原因是以防哪天丢了工作，仍然有一定的医疗保障。	一年期**医疗险**，每年总保额为20万元的门急诊医疗保险和住院医疗保险，无免赔额及赔付比例100%，开放至公立医院范围内产生的所有医疗费用。

098

续表

	自己购买的主要商业保险	任职公司提供的员工福利计划
配偶	保障至70岁的**重大疾病保险**，以重大疾病保险金保额计75万元。	一年期**重大疾病保险**，以重大疾病保险金保额计50万元。
配偶	保障至70岁的**定期寿险**，以身故保险金保额计200万元。	不包括
配偶	无自购商业**医疗险**，因为配偶公司提供的团体员工福利计划也包含了医疗保险责任。	一年期**医疗险**，每年总保额为20万元的门急诊医疗保险和住院医疗保险，无免赔额及赔付比例100%，开放至公立医院范围内产生的所有医疗费用。
小孩	保障至30岁的**重大疾病保险**，以重大疾病保险金保额计60万元。	一年期**重大疾病保险**，以重大疾病保险金保额计50万元。
小孩	保证续保6年的"百万医疗"**中端医疗保险**。	一年期**医疗险**，每年总保额为20万元的门急诊医疗保险和住院医疗保险，无免赔额及赔付比例100%，开放至公立医院范围内产生的所有医疗费用。

以上商业保险配置不含场景性的保险，比如旅行意外险，也不含财产险，只是给在一线城市工作、居住并且上有老下有小的人的参考范例，并不是投保建议。

每个人对风险的预期不同，经济实力也不同，保险配置肯定要考虑自己家庭具体的情况，这也是本书写作的目的之一，自己思考后找到的保险配置方案才是最适合的。

我目前任职的公司提供的员工福利计划这部分内容，也可以给企业人力资源管理人员参考。国内公司即使提供这些团险，大部分保障方案的广度和力度也比表1列出的要低很多。但我在书前面已经说过，团险成本没你们想象的那么高，它还是非常好的激励或者留用人员的手段。

8. 保险代理人的推销困惑

"我想成为一个有良心的保险代理人,我不想推荐卖那么贵的保险,而让别人说'卖保险的都是骗子',我只想提供最优秀、最符合他们要求的保险,请问,我该怎么办?"

答 我一直认为保险代理人为投保人做出了合理的保险规划后,那对应的佣金收入就是应得的劳动报酬,无论最后卖出的保险产品价格高还是低。这里的合理保险规划是指,你将保险计划中所有覆盖和不能覆盖的风险都解释给客户听了,客户充分了解后在自愿自主的前提下购买了保险。

我在写本书之前在互联网上分享了很久的保险知识,在与那么多的关注者交流之后,发现每个人的认知能力是不同的(这似乎是一句废话),这种认知与教育背景乃至智商并不一定相关。

每个人在接触新事物的时候都有自己的思维模式,像购买重大疾病保险就是新事物,因为大部分人在一生中只会购买一次重大疾病保险。销售人员不能单纯地介绍保险,除非有惊人的沟通技能和专业的知识储备，否则不应轻易尝试改变对方，更应顺着客户的思维模式和他交流。

即使现在通过互联网获取资讯如此便捷，在各大网络平台都能轻易地滑动几下手指就完成投保，仍然有很大一部分老百姓是通过保险代理人触发保险需求的（也有可能是现在互联网上无用的资讯如此多，劣币驱逐良币下，普通人无法甄别哪些是有用的信息），这就是你们发挥专业知识和销售技巧的时候，换回来的就是你们的收入，非常合理。

即使我一直很推崇买保险买便宜的就好，但那些所谓中国"最便宜"的保险产品，保费量可能只是一些大公司同类型产品的1%，对，没看错，1%。甚至在同一家保险公司中，这些"最便宜"的保险产品在同类型产品下的销量也可能不是最高的。市场消费者构成的多样性远远超过大家的想象，保险公司也不是只做那部分最精明消费者的生意。

有时候我身边的亲朋好友也会找我推荐保险，我自然向他们推荐了我认为很棒的保险，并且做了非常细致的解释，然而他们最后还是买了一份我看起来"性价比"糟糕的保险。

你认为最好的，并不一定是别人认为最好的。在销售过程中，最主要的是做到客观、准确地介绍保险产品，好和不好应该留给客户自己去判断。

9. 如何比较保险的性价比

"你是如何知道某某保险的价格是国内包括港澳台地区在内最便宜的?"

答 我做"比价"的时候,不是通过算什么收益率,或者用保额除以保费得出的杠杆率之类来比较的,我其实不太懂比较这些"指标"有什么意义……

以代理人销售"理财型保险"或者"储蓄型保险"(比如曾经很流行的长寿风险很少的"假养老真理财型"养老年金产品)时经常用于辅助演示收益用的 IRR[①] 为例,这些基于年末现金价值和累计领取利益的简单 IRR 计算因为无法剔除保险产品定价时内含的死亡率影响(因为销售人员不可能知道具体的定价模型和定

[①] IRR,Internal Rate of Return(内部收益率)的缩写,在投资上经常用来表示一个项目的回报率或者投资收益率。

价假设[①]），所以计算结果并不准确。

以这种"假养老真理财型"养老年金举例，销售演示的 IRR 所代表的收益率，只有被保险人活到对应 IRR 演示时点这个前提成立才能达到。

如果第 20 个保单年度演示的 IRR 是 5%，意味着被保险人需要活到 20 年后才能获得相关保险利益，这个保险利益相对于之前缴纳的保费才有至少 5% 的年化收益率；如果被保险人在第 15 个保单年度不幸身故，那么被保险人之前领取的保险利益相对于之前缴纳的保费的年化收益率就会降低，比如降低到 4.5%。

对比传统的投资产品，比如 20 年期国债，如果约定了某个收益率，无论你是否能活到 20 年后，这笔国债持有到期的收益率都会是一早约定好的固定收益率。

而真的要"比价"，我们更倾向于直接建数学模型来看，这样更准确。因为工作关系，我们手上有大部分保险公司常用的定价假设，包括死亡率、重疾发生率等。各个保险公司具体使用的假设虽然会有差异，但整体水平可以从一些同业分享里面推导出一个范围。

因而，我们能从模型里面计算出这些保险责任涵盖的最低成本大概是多少，或者换句话说，如果只给我们这么多面粉，我们知道这些面粉最大可以做出多大的面包。如果一个产品的毛保

[①] 国内保险产品重要的定价参考，如《中国人身保险业经验生命表（2010—2013）》和《中国人身保险业重大疾病经验发生率表（2020）》等在监管部门网站可以自由下载，这些都是国内人身险产品的重要定价参考。

费，也就是你们要交的保费越接近保险责任对应的这个最低成本，它就越便宜，在我这个热衷推荐买保险就买最便宜的人的眼里就越值得购买。

模型在外行人看来确实很难，但对我们这种几乎天天打交道的熟练工来说，只要不是要求精确结果而是大概范围的话，很多时候只要10分钟，就可以判断出某个产品的价格水平。当然，把完整的定价假设提供给非专业人士，即使是考过一些精算考试科目但缺乏实务经验的精算专业学生，也很难准确使用。

不仅仅是我国内地，全世界保险业使用的精算原理乃至保险产品开发原理都是一致的，我们也可以学那些在香港等地区的精算师同行，倒推出当地一些保险产品有没有到"极限"。所以，每当我说有些保险很"便宜"而有些保险很"贵"的时候，不是我说的，是我的模型说的。

10. 不太推荐购买任何"保费返还型"保险

"为什么不太推荐购买任何'保费返还型'保险?"

答 不考虑税收、政府补贴等因素,保险公司和其他行业的公司一样,它的利润可以用一个算式来表达:

收入 – 支出 = 利润

这个算式表达的应该是常识,应该不需要多做解释。为简化讨论,忽略准备金提转差之类保险公司特有又影响理解的东西,我把这个算式的各个项目简化阐述一下:

保险公司的收入其实只有两样:保费、投资收入;
保险公司的支出其实也只有两样:保险金给付、费用支出。

"收入"和"支出"里共四样东西,再说详细一点就是:

保费就是你们交的保险费；

投资收入就是保费对应资产份额去投资产生的投资回报；

保险金给付除了因保险事故发生的理赔，返还型保险常见的"满期如果未发生其他保险事故，返还（100+x）%的已缴保费"也属于保险金给付；

费用支出包括保险公司的经营费用，比如员工的工资，也包括给销售人员的手续费等。

如果恰好有一家保险公司开始做慈善，不去追求利润，那么让利润等于0后，之前的算式可以写为：

收入 − 支出 = 利润

⇒ 收入 − 支出 =0

⇒ 收入 = 支出

把代表"收入"和"支出"的四个项目代入得到：

⇒ 保费 + 投资收入 = 保险金给付 + 费用支出

对于带有返还保费责任的保险产品，上面这个公式中的"保险金给付"项目还可以进一步写成：

⇒ 保费 + 投资收入 = 满期返还（100+x）%的保费 + 保险事

故理赔 + 费用支出

$x\%$ 市场上比较常见的范围为 10%—15%，也就是保单满期前如果没出险，保险公司在保单满期时会返还你们已缴保费之和的 110%—115%。至于为什么不返还已缴保费之和，因为保险公司肯定琢磨过消费者心理，过了那么多年起码还要有"利息"嘛。

等式两边同时减去 100% 的"保费"项得到[1]：

⇒ 投资收入 = 保险事故理赔 + 满期返还 $x\%$ 的保费 + 费用支出

这个公式表达的意思就是：在保费返还型保险产品里，由于保费最后要返还给客户，保险公司只能在保险期间用客户交的保费去做投资，使得投资的收入能覆盖理赔成本和保险公司的费用，或者用"行话"来说，利差要撑得起死差和费差。

用更通俗的话来说，羊毛出在羊身上。保费返还型的本质就是你的保费先借给我保险公司做投资，我保证投资做得很好，这样投资的收入可以弥补发生保险事故的理赔成本，和保险公司的

---

[1] 保费返还型产品的保险责任会约定发生保险事故理赔后，保单就会终止，一旦发生保险事故，人已经不存在活到满期这个可能性，也就是不可能拿到满期保险金，所以发生保险事故的概率或者拿到满期保险金的概率都一定小于 1。但为了方便解释，从这里开始忽略发生满期给付和发生保险事故各自的概率。

运营成本，以及满期时再连本带利把保费还给没有发生保险事故的被保险人。

进一步举个最简单的保费返还型保险产品的例子来加深理解：如果某保费返还型保险产品趸交保费1万元，如果**一年保险期间**没发生保险事故，就返还100%+15%已缴保费，即10000元+1500元=11500元给投保人。假设这里保险公司的投资收益率为年化5%（这种长期收益率目标在任何保险资产管理机构都算非常高的），一年投资收入为500元。

那么，上面最后一个公式代入相关数字后就变成：

⇒ 500元=1500元+保险事故理赔+费用支出

这个等式要成立需要保险事故理赔和费用支出是负数，也就是说，发生理赔时需要你赔钱给保险公司，或者保险公司的员工还要付工资给保险公司才行。很明显，现实世界不可能存在这种情况。

那怎么办？

拉长保险期间，让投资收入长时间累积，直到足够覆盖保险事故理赔成本和费用支出。具体计算就不列了，可以自己估算一下，反正返还型保险的保险期间通常都是20年往上的。

年收益率为5%的投资在20年内以单利增长都能翻倍，但是为什么保险公司只给你20年满期时额外15%的保费返还，你就"上钩"了，中间相差的100%-15%=85%去了哪里？

一般来说，其中的30%左右是给预期保险事故给付成本买单了，50%左右是给保险公司的各种费用买单了，包括费用中占比最大的销售费用。

每个保险产品都有费用成本，但具体多少费用才合理，因为市场是竞争的，并没有明确的标准。对保险消费者来说，当然越低越好，在其他条件相同的情况下，费用率低的保险保费肯定更便宜。

然而，市面上保费返还型保险产品的费用率都不低，不仅仅保费返还型这类产品有此现象，大多数保险产品的费用成本都比较高，主要就是为了支付渠道的销售费用，不然保险产品就卖不出去。我在之前的内容里已经说过，中国的保险产品仍然以保险公司销售渠道主动触发销售为主。

如果看到这里，你们还是看不懂，最后再举个对比情景下的例子：

情景A：我拿1万元买了个保费返还型保险，因为我盘算过，如果发生保险事故，我可以拿到50万元赔款；如果没有发生事故，20年后保险期间满期，我能拿回11500元。我觉得买了这份保险心里很平衡，出事拿保险金和不出事就拿回保费加上利息，把这两种情况都照顾到了。

情景B：我把这1万元中的2000元拿去买了一个不是保费返还型的保险，也就是一个纯保障型的产品（当然你得买对，贵的纯保障型产品也不少。这里的数值也仅做示例，不代表保费返还型产品和纯保障型产品的实际价格差异度），保额同样也是50万元。虽然保险期间完结，这笔保费因为没发生事故我就没了。但原来缴完保费还剩下的8000元我拿去投资了，我不要求做到保险公司5%的年化收益率，我个人投资水平比较低，那就假设只能做到3%的年化收益率，20年后按单利计算还能得到12800元，比保费返还型保险满期能拿到的11500元要多不少吧。

如果保费返还型产品真的那么"不划算"，为什么还有人买呢？

原因还是消费者是多样的，持有"买了保险最后不出险保费要还我"这种想法的人不是少数，甚至远远多于购买纯保障型产品的人。

出现这种需求，保险公司没有理由拒绝，会尽可能地满足。定价时也就是依据模型调整几个公式的事情，所谓保障型产品的模型和保费返还型产品的模型都是差不多的。

本质上保费返还型产品属于储蓄型保险产品，从上面的计算示例可以看出，它有丰厚的利差利润来源，保险公司非常欢迎这种业务。

> 延伸阅读1：

关于如何购买保险的知识

这部分会分享一些购买保险的实际操作内容，也就是直接提供"鱼"给想减少思考的朋友。有一部分内容其实是对前面内容的扩写。

如果想通过一个思考的过程为自己和家人决策如何购买保险，也就是"渔"，我更推荐先阅读本书前面的内容。

如何为儿童购买保险

"如何帮自己的小孩买保险"是我最常收到的咨询问题之一。像新手妈妈在刚生产完后母爱是如此强烈，都想在力所能及的范围内给自己下一代最好的，特别是希望小孩万一遇到风险时能有很好的处理方案，保险自然进入很多为人父母朋友的视线。很多家长也许没为自己考虑过购买商业保险，但为子女砸起保费来可是非常大方的。

少儿保险历来是保险公司的重要业务来源。从保费很高的、能赔付公立医院特需部，或者昂贵民营医院就诊费用的高端医疗保险，到利润丰厚的教育金保险，针对小朋友的产品线非常完善。

少儿保险也是保险公司质量最好的业务，甚至不带之一。少儿保险的逆选择相对于成人保险来说非常少，承保过程也非常简单清晰，在后续理赔阶段不容易引发纠纷。

然而，商业保险始终是需要钱的，大部分中国家庭并不像我们在网上看到的那么富裕,我希望你们的每一分钱都能用在刀刃上。虽然在本书前面部分已经详细说过保险的基本知识,一个聪明的读者应该已经摸索出自己的保险方案,但为了满足不同读者的需要,我在这里进一步阐述我的如何为儿童购买保险的想法:

一、先为小孩买好医保

在为自己的小孩考虑任何商业保险之前,请先为他或她购买社保。如果只是一个普通老百姓,社保,尤其是其中的医保,尤其是医保中的少儿医保,无论你在任何一个国家,它都是你能为自己小孩获得的、性价比最高的保险,远远胜于任何保险公司提供的商业保险。这是因为医保的隐性担保来自国家,没有一家保险公司具备这种实力。

医保最大的好处是,无论你身体状况如何,不管患有先天性疾病还是健康,医保都一定会承保,并且只要按相应规定缴纳医保费(在我国有些地方,少儿医保甚至不需要缴纳医保费),永远不会因为往年赔付很差,在续保时把你拒保。

我国幅员辽阔,每个地方的社保或者医保投保政策可能都不一样,并且时常会有变化,这无法在一本书中准确描述。比如,有些地方在小孩出生的医院就会提供医保办理指南,有些地方可能要亲自去所在地的社保中心办理,有时候你居住地的居委会或者街道也能给你提供一定的帮助。请务必注意,很多地方并不需要你的孩子有当地户口才能上当地医保,请一定要去相关政府职能机构咨询，反正问一下又不会亏什么。

除了医保，还有一些额外的政府半津贴型社会保障计划。简单来说，就是要你自己掏腰包付一点钱，政府相应掏一点（但没社保掏得那么狠），比如很多地方常见的针对医保额度外超额部分的少儿住院险，是给你的小孩在医保范围外再多一层额外保障。这也是政府为民办实事的一种，能参与的一定要参与，记得要去咨询相关政府职能机构。

二、考虑学平险

如果小孩到了上幼儿园或者上学的年纪，那么学平险是性价比最高的商业保险。它的全称为"中小学生平安保险"或者"学生平安保险"，实际上大学或者幼儿园等全日制教育机构的学生都能投保，指的是由商业保险公司推出的、针对校园内（含或者不含寒暑假）发生意外或者疾病相关责任的商业保险。

学平险一般一年一续，但也有像一些大学为一个年级一次性投保四个学年。

主要保障内容如下，这三个是基本款，保险产品名称里面一般都包含"学生平安"字眼：

意外身故（一般保额是 5 万元以下）；
疾病身故（一般保额是 5 万元以下）；
住院医疗（一般保额是 2 万元以下，考虑成本，赔付比例可能较低)。

还有额外的保障,由于成本略贵,一般作为可选方案:
门急诊医疗(一般保额是 0.5 万元以下);
重大疾病(一般保额是 5 万元以下)。

市场上学平险业务竞争一直比较激烈,就算基本责任和可选责任都保齐了,保费一般一年也就每人 300 元。大部分学平险产品本质都属于团险的一种,在本书的前面说过,大部分保险公司的团险业务历来赔付不佳,而学平险在其中更属于赔付垫底的那种。从风控角度来看,保险公司一般也不愿意为学平险业务提供高保额。

保险公司学平险赔付率差,从消费者角度可以反过来理解,对作为被保险人的学生来说,价格上有优势。在同样一种保障下,我们这辈子基本不太可能买到比学平险费率更低的商业保险。

可惜的是,为了遏制教育领域的乱收费或者以教师身份谋私利的现象,比如防止个别老师兼职保险代理人,以工作之便向学生家长推销储蓄型保险的行为,监管部门禁止学校以任何形式为学生购买保险,也包括了这个确实为学生保平安的学平险。

现在,名义上,学平险需要监护人签字才能投保,很多学平险也作为个人保险产品备案,但个人去找保险公司实际是无法购买这个产品的,绝大多数仍须通过学校以集体名义完成投保。然而，学平险作为自愿性质的保险，很多人并不会主动去购买如此优惠的保险，有时候并不是为了省钱，更多是风险意识不强或者不知道存在这种保险产品。

三、购买重大疾病保险

重大疾病发生率在未成年阶段实际非常低。以白血病为例，作为恶性肿瘤其中一种的白血病的绝对发生率在少儿阶段很低。我翻看了一些保险产品的定价用白血病发生率，儿童时期的发病率差不多是80岁时候的十分之一。只不过白血病在未成年人尤其幼儿阶段，占所有恶性肿瘤发病率的30%—40%，并且时下有偏颇的信息传播方式，很多人误以为白血病是属于少儿才有的高发病种。

不仅是白血病，儿童阶段绝大部分重疾的发生率都是要远低于我们成年以及衰老后的，这也意味着少儿重疾保险产品的费率其实很低。

每当看到社交媒体上为那些不幸患上重疾的儿童进行网络筹款的新闻，难过的同时又感到遗憾。因为很多纯保障型的少儿重疾保险产品，其价格即使是收入较低地区的人们也是能承受得起的，可能高达几十万元的治疗康复费用，乃至监护人停工照顾小孩而失去收入的财务风险，通过少儿重疾保险产品就可以轻易转嫁给保险公司。

如果没有先天性疾病等不允许投保，或者会被除外的因素，为自己的小孩购买商业重大疾病保险，是非常好的抵御大病风险的手段。也建议在为自己的小孩配置好少儿重疾险之后，再考虑其他类型的商业保险。

四、商业医疗保险，特别是高端医疗保险，如果只是为了更好的就医体验，可以直接去相应的医疗机构就医即可，个人购买高端医疗保险不是必需的

小孩生病无论大小，为人父母都会非常紧张，即便一个最常见的发热，很多父母也希望在到达医院后的 5 分钟内能找到最好的儿科医生，10 分钟内能完成问诊得到处方，20 分钟内能结算好费用，要么拿药回家，要么吊水治疗，等等。如果病情需要住院，最好半小时内能安排单人病房。

当然，我们都知道这不现实。

虽然中国内地有着在全世界来看都算首屈一指的，对普罗大众来说非常便利的、高水平的，以三甲医院为代表的公立医疗体系（讨论中国医疗体系是个非常大的话题，这里不做延伸），但哪怕只去过一次公立三甲医院的儿科，或者是公立儿童专科医院的朋友都知道，20 分钟最多也就能完成挂号，然后开始了在医生问诊房间外的漫长等待。

带小孩看病消耗掉家长一整天的时间非常常见，小孩累，家长更累。所以，有脑筋灵活的家长希望能从保险公司那里看看，是否可以通过保险产品减轻医疗费用负担的同时，还能获得更好

的医疗服务。

我们先来仔细看看医疗险。医疗险的保险责任实际是人身险中最复杂的产品,因为它保障的是本身构成就已经很复杂的医疗费用。

市场上根据销售需要,大致可以按照保额高低将医疗险区分为普通医疗险、中端医疗险(本书前面介绍过这种产品也经常唤作"百万医疗险")和高端医疗险。需要注意,这里的普通医疗险并不意味着"普通"或"低端",从价格来说,很多普通医疗险的保费就比中端医疗险要高。这三种医疗保险在产品设计中实际是可以相互转化的,定价原理也是相同的。

在很多保险公司的个险(注意不是团险)医疗险保费收入构成里,普通、中端和高端三个档次的保险产品经常是70%∶25%∶5%这种占比。普通医疗险才是保险公司医疗险业务的主力产品。

普通医疗险的门急诊医疗费用的保额平均为2000—5000元,通常不会超过2万元;住院费用的保额平均为1万—2万元,最高大致在5万元。保费通常会根据被保险人是否有社保区分不同价格:

有社会保险的人,保费自然会便宜不少,因为保险公司只赔付经过医保赔付后剩余的,需要自己承担的医疗费用部分;没有社会保险的人,保费会更高,除了因为医疗费用需要自己完全承担,保险公司还会认为没有社保的人平时可能从事的是风险更大的工作,或者经济生活水平较一般(请注意,这里的用词是"可能"，只是从保险公司承保的概率角度出发，而并不是说没有社保的人的生活过得一定不好），因而风险发生概率更高，需要收取更贵的价钱。

保费还与保险金的赔付比例和免赔额高低有关系：医疗费用乘以赔付比例才是被保险人最后获得的实际赔款金额。赔付比例越低，保险公司承担得越少，保费自然就越低。

免赔额指的是医疗费用需要被保险人自己承担的部分，超过免赔额的部分保险公司才会赔付，免赔额设置越高，自然保费越低。

设置赔付比例和免赔额，除了可以提供不同保障内容和不同保费水平的保险方案，还有一个重要目的是改变被保险人的医疗行为，比如，赔付比例100%的时候，被保险人可能不会在意就医费用，因为想到保险公司会全部报销，想开什么药就随便开吧；赔付比例60%的时候，由于需要自己负担40%的费用，被保险人可能会考虑是否每个项目都是必需的。这样就间接控制了医疗险的赔付率。

中端医疗险是在普通医疗险的基础上，将住院医疗保险金的保险金额从常见最高的5万元扩展至200万—300万元，如果是针对因重大疾病导致的住院医疗责任，保额可以翻倍至400万—600万元，甚至还提供了一些表面看起来很有吸引力的特殊医疗服务，比如质子重离子医疗保险金或者特定疗法或者药品如靶向药的保险金，而价格甚至比保额低不止一个数量级的普通医疗险还要便宜。

中端医疗保险可以提供如此高的保额，并且还有如此多额外保障的原因，在本书前面部分已提到过，就是它通常会设置1万元的免赔额（和医保里的"起付线"本质是一回事），并且只承担住院医疗（或仅与该次住院相关的门急诊）的费用，这样，医疗成本的最主要部分，即免赔额以下的部分，仍然由被保险人自己承担。如果你还有医保，那么这1万元的免赔额还会先由医保赔，医保赔完剩下的部分超过这些保险产品的免赔额后才会到达保险公司的承担范围。

另外，高达400万—600万元的保额在我国以公立医院为主体的医疗体系并不是那么容易用完的。基本医保和附属的一些大额医疗费用补助机制通常会承担大部分的大额医疗费用，并且金额越高的费用部分通常医保承担的比例会越大。

很多疾病的治疗方案，实际也用不到这么高的保额。诸如质子重离子医疗保险金和特定药品保险金这类责任，目前也不具有普遍适用性，从医学角度来看，这些疗法或者药品的适应证目前非常有限（这些责任在定价上的成本实际也很低），在保险产品中更多是作为差异化竞争和广告的作用。

而高端医疗保险是在普通医疗保险（并不是中端医疗保险）基础上将保额提高至上千万元，并且无论这些医疗费用是否属于社保范围内都可以赔付。

普通医疗保险一般也会约定，就诊以及医疗费用需要发生在中国内地公立二级及以上医疗机构的普通部，高端医疗保险可以设计成不受中国内地公立二级及以上医院限制，扩展至绝大部分需要全自费的公立医院特需部或国际部、民营医院[①]，甚至境外指定医院网络。

在"如何为儿童购买保险"这个题目下，我们把高端医疗保险经常会提供的美容牙科、配眼镜费、体检、疫苗等包装成保险责任但对保险公司基本没有风险成本的衍生服务，以及费用直付或者电话问诊等第三方提供的健康服务先放一边，只关注高端医疗保险，也是所有医疗费用补偿型商业保险最主要的风险构成部分：门急诊医疗保险责任和住院医疗保险责任。

父母可能最在意的就是是否可以通过为小孩购买高端医疗保险获得更好的就医体验，不用再在人山人海的儿童医院普通门急诊部耗上一天，而是去到就医环境更好的儿童医院国际部或者昂贵民营医院。

如果仅仅是为了获得这种就医体验，那么直接去儿童医院国际部或者昂贵的民营医院预约挂号即可，因为这些医院都不是保险公司开的，你没有买保险也是可以直接预约挂号去看的。

很多家长看到这里也许会有疑问：就算可以不买保险，也能直接上门挂号看病，但我们父母不是担心在这些医疗机构就医的费用贵嘛，买个保险可以省点钱啊。在一般情况下，这个逻辑是对的，购买保险的目的就是抵御未来可能会发生的风险，这也是

---

① 中国内地不少民营医院目前已可以使用医保，但购买高端医疗保险的主要目标明显是为了在一些不能使用医保的昂贵民营医院就诊也能赔付。前文说过，这里的"昂贵"是一个中性词，在保险业指的是医疗价格相比于公立医院普通部高非常多，并且费用需自己完全承担而无法使用医保的医院，内地的代表就是和睦家医院，香港地区的代表就是养和医院。

保险存在的意义。

然而在高端医疗保险下，特别是个险渠道（再一次强调，这里的个险渠道指的是相对团险的渠道）的高端医疗保险，特别是个险渠道的儿童高端医疗保险，消费者购买这种保险是为了抵御未来一定发生的风险，或者为避免太绝对，我换个说法：消费者购买这种保险是为了抵御未来极有可能会发生的风险。

也就是在保险公司的眼里，购买高端医疗保险的人会显著改变自己的医疗行为。以小孩常见的发热为例，发病概率本身明显与购买了哪种类型的医疗险是无关的，但是家长发现小孩生病之后的医疗行为却会不一样。治疗同一种疾病，会比购买了只能在公立二级及以上医疗机构就医的其他医疗保险产品多出不少理赔，这些多出来的理赔不仅仅是因为公立医院特需部或者昂贵私立医院的医疗收费更高，更多是因为就医行为的改变。

如果购买了高端医疗保险，不少父母会考虑到公立医院特需部或者昂贵医院的就诊费用在保险覆盖范围内，我们已经付了那么多的保费（被保险人为儿童的高端医疗保险视乎具体保险责任，价格通常从几千元到数万元不等），当然得用起来。并且想到公立医院特需部或者昂贵医院的就医体验比公立医院普通部要好不少，可能就放下"要不先给点退烧药观察观察，明天要是还超过39摄氏度，我们再去医院吧"这种判断，一发热就直接带小孩往医院去了。

大部分儿童发热通常会先看个内科，在和医生沟通病情时，诉说了小孩除了发热外还一边耳朵曾经非常疼，内科医生会立刻提示应该再挂个五官科号，去看看是否还有中耳炎。

目前，儿科资源由于各种原因在国内非常紧缺，一方面儿童专科医院在我国只有大一点的城市才有，或者只有在当地比较好的综合医院才设置儿科，再加上每个小孩都是父母的心头肉，送医肯定首选当地儿科最好的医院，造成这类医院每天人满为患。即使临时能加上一个五官科的号，大概率又是另外漫长的候诊过程，这还没算上就诊期间的化验、影像和各种检查等耗费的时间。

而去特需部可能很方便地就另外预约到五官科的医生，并且安排好相关的检查，如果快的话，经常在一个上午就能结束在普通部可能要分几天、来个两三次才能完成的就诊。这种便捷当然是建立在公立医院特需部和昂贵医院的收费与公立医院普通部的收费巨大的差异上，以挂号费为例，前者收费可能是数百元并且不能使用医保，但是后者只需二三十元，如果有医保，收费还会更低。

但是，这些地方收费贵并不是高端医疗保险保费高的全部原因。保险产品基于发生率定价[1]的基本原理就是，发生概率乘以保险金额，医疗险的定价发生概率除了被保险人的自然发病率，还要考虑就诊率。

---

[1] 保险产品还可以基于既往承保经验定价，对于医疗险这种经验波动很大的业务，经验定价比发生率定价更能反映它是以短期险为主的业务特点。当然非要从本质上说，发生率定价实际也是一种经验定价，毕竟发生率也是从经验而来。

概率达到某一个阈值,算出来的对应保障的保费就会和直接掏腰包付医药费的经济效用没有太大的差别。这个概率并不需要达到100%,因为保险产品本身还有保险公司的各种费用和利润要求。

如果某个儿童高端医疗保险一年的保费是1万元,那么保险公司使用的定价假设里的就诊费用成本就是7000元左右①。以发热就诊为例,可以看两三次发热门诊。与之对应,你可以选择不买高端医疗保险,这1万元留着,你支付完两三次发热就诊费用后,还能省下3000元,这3000元还能再看一次发热门诊。确实还有可能发热又再多几次,但是购买保险从效用角度来看,已经不大了。高端医疗保险这个保费水平下对应的保险责任是长期市场实践后均衡的结果。

很多家长可能还是有疑问,高端医疗保险的保额也有几百万元甚至上千万元的,不说发热这些常见病,万一我的小孩碰到重疾,高端医疗保险不还是很有用?

如果小孩不幸得了重病,和其他覆盖相应责任的保险一样,高端医疗保险确实也能起到作用,它能保障治疗期间产生的医疗费用。

只是别忘了,购买高端医疗保险的目的主要是体验到更好的就医服务,而不是应对重大疾病治疗费用的风险。

我一直说中国内地有世界上整体最好的医疗体系,甚至不带

---

① 这里的"7000元左右"只是虚构的就医成本,不代表真实的就医费用。

"之一"。在治疗水平达到全球前列的同时，在经济性上也有很好的平衡。这很大程度是牺牲了我国公立医疗体系医护人员的收入水平，和他们使命感推动的无私付出所达到的。可能除了个别开创性实验疗法，绝大部分人在国内治不好就真的治不好了。这里没有提及昂贵民营医院的原因就是，现在绝大多数国内治疗重大疾病的终点，都会回到最有声誉的那些公立三甲医院。

但凡真正完整体验过一些欧洲发达国家免费公立医疗治疗流程的人，都会觉得在我们这儿能相对如此便捷地预约到各领域的权威专家还是很神奇的。以核磁共振这些检查项目为例，在一些国家的公立医院系统确实完全免费，前提是需要等待半年甚至更长时间，有些病情可能等得黄花菜都已经凉了，还没排上号。而现在，在我们最忙碌的北京、上海等地的公立三甲医院预约，很多也就等个两周到一个月的时间，并且从价格上来说，这些检查对没有医保需要完全自费的病人来说，还是很低的。

很多时候，我觉得舆论上对我国医疗体制所谓"看病难、看病贵"的非议有点片面，缺点被放太大，而优点则被认为是理所当然，就应该这样做，没什么了不起的。

继续探讨这些问题肯定是跑题了。我想说的是，既然国内乃至达到世界临床水平前列的治疗力量都在公立体系，它以政府财政为主要收入来源，它的服务对象就必须是普罗大众。不像感冒发热这种，医院在满足普通大众就诊需求的前提下，还可以抽出部分资源通过价格提供差异化服务，从而满足不同人群的需求。

对于恶性肿瘤这种复杂疾病，公立医疗资源则永远是稀缺的，医院一定是优先满足普罗大众的就诊需求。想和看感冒发热一样，希望通过购买高端医疗保险获得特需服务，获得更好更优先治疗的可能性仍然存在，但已经不值得付出那么多保费了。

再强调一遍，公立医院的特需服务是由医院提供的，并不是因为与某家保险公司或者某家保险公司的TPA[①]合作后才能获得。通过购买保险产品获得的医疗特需就诊服务，直接去医院也一定能获得。

如此一来，你就会发现，高端医疗保险动辄几百万元甚至上千万元保额在国内其实用不上（国内公立医疗价格实际并不高，甚至有些时候你有钱都花不出去，因为需要有适用的治疗方案或药物），这些保额主要都是为了搭配海外医疗服务，也就是安排你去一些发达国家或地区的医院，包括费用昂贵的海外私立医院就诊。如果不看实际效用，这个途径更多是给罹患重病的人的一个希望。

总结一下，为了小孩的常见病想获得更好的医疗服务，可以直接去相关医疗机构预约付费就诊即可，很可能比你付出的保费要少。即使费用确实有超过你所支付保费的可能性，但是这些保险赔付给你带来的经济效用很小；如果是面对重大疾病，由于医疗服务的紧缺性，高端医疗保险并不能带来太大的就医体验的提

---

① TPA，Third-Party Administrator（健康险第三方服务提供商）的缩写。保险公司根据牌照许可只允许进行保险业务承保，健康服务不属于保险业务，保险公司通过签约TPA公司采购诸如健康险常见的直付、二次诊疗服务等，以增加健康险产品特别是医疗险产品的吸引力。高端医疗产品线基本每款产品都会有合作的TPA。

升。与其购买这些不能保证续保[①]并且费率不保证的高端医疗保险，还不如通过购买长期重大疾病保险，甚至是有1万元的免赔额但是保额同样也有数百万元的、很多也是不能保证续保并且费率不保证的中端医疗保险，锁定这些风险更有效，并且性价比在我眼里会高出几个档次。

当然，如果是你任职单位提供的涵盖子女的高端医疗保险，则不在这里的讨论范围内。团体高端医疗保险属于员工福利的一种，是你公司掏钱，不需要我帮你们想那么多。

五、关于教育金产品

教育金产品结合了子女关爱、风险保障、教育乃至毕业之后成家之前的照顾，基本涵盖了当今中国家长对子女最主要的关注点。

在产品设计上非常有针对性，典型的责任包括：通过缴纳保费，在未来子女上学阶段可以每隔一定时间获得若干教育金给付，用以支付学费或者留学费用；在子女毕业时可以获得一次性保险金，用于工作城市安顿或者创业费用；在成家之时再给一笔满期金，用以支付婚礼费用。可能连家长都没想到的，保险公司在教育金产品里都帮忙想到了。同时，教育金产品还提供保险正常有的子女身故保障（不过这在少儿产品中不重要，因为绝大多

[①] 再次提醒，在本书之前关于"保证续保和保证费率"部分已经提及，不同国家和地区的监管部门对于"保证续保"可能会有不同定义。

数父母不会为了这个保障而去购买教育金产品,且未成年人保额有监管上限限制)。

我个人觉得教育金产品在人身险营销里属于故事说得最好的那种。然而,它的本质依然是一种储蓄型保险产品,具体是年金形态还是两全保险形态并不重要,和在前面部分解释过的"为什么不太推荐购买任何'保费返还型'保险?"中的保费返还型保险,本质是一种产品。从所谓收益来说,我不认为教育金产品会有多大的优越性,和一般保费返还型产品不会有太大差别。

教育金产品最大的优点,是间接性的强制储蓄。保险都是有约定领取条件的金融产品,不符合领取条件的,"钱"是拿不出来的,或者可以拿出来,但因为提前退保而遭受损失,这些约定都是为了鼓励保单持有人持有到保险期间结束。

保费返还型保险虽然属于储蓄型保险产品(再一次强调,正式监管里并没有所谓储蓄型产品和保障型产品这种分类,这更多的是行业共识),但是它的购买触发条件是希望获得保障。而教育金产品的购买触发动机,大部分就是希望为子女的未来安排好资金规划,强制储蓄的特点正好契合了这个需求。

如何为父母购买保险

"我父母今年 70 岁了，我非常想为他们投保，但好多保险产品似乎 60 岁以后就不能投保了？"

"我父母在农村，现在年纪也大了，好像只参加了农村那个合作医疗，但好像买不到商业医疗保险？如果是考虑以后的大病住院开销，大致的花费情况是怎样的？"

所谓百善孝为先，很多年轻人一有经济能力往往还没想到自己，就先想着为家里的长辈添置点什么，很多时候保险也属于考虑添置的东西之一。

其实上面这两个问题在本书前面部分已经说过，从发生率角度来看，老年人与身体情况相关的保险风险相当大。老年人自己很难从统计学角度理解自身的风险是如此巨大，比如，实际上在《中国人身保险业重大疾病经验发生率表（2020）》中，70 岁要比 20—30 岁的年轻人高几十倍，而他们一般认为高个 10 倍已经是极限了。医疗险情况也差不多。

这样造成他们或他们的子女，对老年人保险的保费产生错觉：你们的保险产品贵得不合理，保险公司是不是在坑我们？即使他们的风险确实比自己能认知的要大很多。

保险产品能否得到消费者的理解，也是产品是否成功的一个很重要的标志。纯粹的老年人保险产品，从消费者最能直接感知的"保额与保费之比"，是很难达到这个要求的。

即使目前有社会老龄化这个大背景，很多保险公司的口号也喊得很响，但保险公司实际不太愿意开发这些纯粹的老年人产品。要么要求你必须从年轻的时候就开始投保，通过拉长保险期间去分摊不同年龄段的风险，才能提供后面老年时期的保障；要么在定价的时候加很多安全边际，去弥补潜在的额外成本。

另外，因为各种原因，农村地区的人身险业务一直以来理赔经验不佳，不少保险公司将来自农村地区的投保者，标识为高风险。很多商业保险公司对农村地区的保险业务，特别是健康险业务拒保、加费承保，或者限额承保（比如，重疾保额不超过5万元）。

在这种背景下，这些商业保险产品自然和便宜更沾不上边了。我也经常说，无论是在城市还是农村地区，**对于老年人的保障，也许通过储蓄存钱是更好的选择**，并不是老年人保险不重要，而是这样更能符合大部分消费者的心理预期。

当然，和年龄或地区风险关联不大的保险还是可以买的，比如坐飞机时候的航空意外险，这些产品定价0岁到100岁都使用一个发生率。

从实用角度来看，如果是为了抵御老年人的健康风险，我个人更推荐定期安排家里的长辈去体检。无论是医院还是商业体检机构，现在都有非常便捷的体检服务，包含合理体检项目的费用，与老年人能买到的重疾险或者医疗险保费相比，肯定不会太高。所谓预防胜于治疗，体检结果可以帮助长辈修正生活习惯，体检也能帮助发现严重疾病的早期症状。从经济成本来看，很多疾病在早期和末期的治疗费用也有天壤之别，这里省下的钱，也许可以认为是一种不用兑现的理赔。更别提很多疾病如果早期发现后还能根治，不仅可以活得老，还可以活得好。

如何规划自己的养老保险

安排退休后的生活,包括养老保险在内的资金规划,是一件目的明确但实际操作起来非常复杂的事情,原因很简单,因为没有人能在年轻的时候准确地预知自己退休时的需求。

得益于如今在媒体上经常能看到的,所谓"社保养老金缺口巨大"之类的新闻,先不论此类新闻内容的准确性,对普通老百姓产生的直接影响就是:养老与其靠别人,还不如靠自己。

一些刚毕业拿到人生第一份工资的年轻人,也打算为自己安排养老计划。然而刚才说了,二三十岁时的你其实无法预测60岁以后每个月需要多少养老金。

随着年龄的增长,你的阅历里会添加一些年轻时仅凭想象无法切身体会的东西。有些经历靠脑补是永远无法想象出它的真实性的,一个人需要经历才能明白自己真正的需求。

比如:你会读到有人不幸患上癌症,面临各种困难的新闻,但这些新闻和在手机上看到的其他内容一样,看完的当下可能有点感触，但手指划过去后很快就在你大脑的缓存中消失了。直到你身边与你很亲近的人患上了某种重病，他肉眼可见地在你的面前虚弱下去，当你隔了几个月再次去探望他的时候，你第一次被"才几个月没见为什么就变成这个样子"冲击，开始考虑是不是要对这块风险做出真正的规划。

可惜的是，多一点生活经历也只是使自己对未来需求清楚多一点点而已。自改革开放以来，特别是加入世界贸易组织以来，这几十年经济和社会发展持续向好，使我们很多人特别是年轻一代习惯性地认为稳定繁荣是再正常不过的事。

但是，从年轻到年老的过程是如此漫长，人的一生可能跨越一个或多个经济周期，个体根本不可能准确预测如此长的岁月里将会发生什么事。

养老的基本理念很简单，无非就是在退休前攒够退休后需要的钱，但到老的时候，万一积蓄不能匹配届时退休生活的预期也别气馁，因为大部分人是不可能预测准的，尽力就行。

在说个人具体养老规划之前，先看看国家层面的养老金体系。和本书前面部分介绍保险前先介绍偿付能力体系一样，我们先了解一下国家解决人民养老的思路，知道未来谁会养我们，靠谁养，这更有助于安排自己的个人养老计划。

包括我国在内，世界上很多国家的养老金制度使用的是"三支柱"规划。现行的"三支柱"理念，一般认为是由世界银行在其

1994年发表的报告[①]里，总结各国养老金体系以及历史经验后做出的系统性论述，即老龄人口的养老金来源建议来自三处：

$$\text{老龄人口的养老金} = \begin{array}{l} \text{第一支柱：基本养老金} \\ \text{（政府主导）} \\ + \\ \text{第二支柱：职业养老金} \\ \text{（来自工作单位）} \\ + \\ \text{第三支柱：个人养老金} \\ \text{（来自自己或者亲朋）} \end{array}$$

需要提醒一下，自现代社会保险制度的雏形在19世纪下半叶，德国俾斯麦当政时期出现并发展至今，现在世界各国同时存在单支柱、三支柱乃至多支柱的养老金体系。不同的国家，政治、文化、经济大不相同，显然不可能有一套适用于所有国家的标准养老体系。

"三支柱"架构在1994年世界银行发表报告之前，早已存在于部分国家，只是世界银行的这篇报告非常全面客观，直到今日仍有很大的参考价值，使得"三支柱"理念成为很多国家养老方

[①] World Bank, *Averting the Old Age Crisis: Policies to Protect the Old and Promote Growth*, 1994.（世界银行，《防止老龄化危机——保护老年人及促进增长的政策》，1994年。）

针的重要指导思想。世界银行直至现在,仍然根据全球新的人口和经济形势,给予更新的养老金政策建议。

"三支柱"(世界银行近年研究中提及的"多支柱",实际也可以说是由"三支柱"扩展而来的。从深层次看我国现行的养老金体系,一定程度也属于"多支柱"范畴)相比"单支柱",最大的优势就是"三支柱"肯定要比"单支柱"稳健,三个支柱由于风险分散,因此不太可能同时塌台。

即使同样采用"三支柱"体系的国家,由于各国国情不同,各支柱的侧重性也会各不相同。比如,高税收、高福利的国家,可能更侧重于第一支柱,政府在养老服务中占据主导地位;一些资源配置市场化程度比较高,但政府职能比较弱的国家,可能侧重于让雇佣单位为雇员缴纳大部分养老金并进行市场化管理运作,那么它的第二支柱发展得可能更好。还是那句话,每个国家都会根据自己的情况找到最适合自己的养老金体系,并没有一个世界统一的"三支柱"设定标准。

具体来看看我国现行的养老体系。

第一支柱:基本养老金。

我国社保体系目前大致分为两大类:城镇职工社保体系和城乡居民社保体系。其中,城镇职工社保体系就是我们常说的"五险一金"①中的"五险",城乡居民社保体系可以认为是从原来的城镇居民社保和农村居民社保(如新农合等)合并而来的。整体社保待遇方面,城镇职工社保要远高于城乡居民社保,当然,缴费也是城镇职工社保要高得多。

对应社保体系的划分,作为社保一部分的基本养老体系,可以分为"城镇职工基本养老保险"(职工养老保险)和"城乡居民基本养老保险"(居民养老保险)两大类。基本养老体系的主要目的是保障我们大部分人退休后的基本生活水平。

以城镇职工社保为例,养老保险是"五险"中最大的收入项和最大的支出项。我们平时"五险"的缴费中,包括个人和用人单位合计,大概有60%就是用于缴纳(城镇职工的)基本养老金,排名第二的医保缴费仅占30%左右。

和社保政策一样,基本养老制度随着政策的发展可能会有所变化,如上述所说的城乡居民基本养老保险,就是从原来的"新型农村社会养老保险"(简称"新农保")和"城镇居民社会养老保险"(简称"城居保")合并而来的,而在新农保和城居保之前,也有其他形式的基本养老制度。未来,国家也可能推出新的基本养老方案。

由于本书面对的读者知识面不尽相同,即使觉得有点多余还是要强调一下,基本养老保险虽然由政府提供,名字里都含有"养老保险"字眼,但与保险公司提供的商业养老保险完全是两

---

① "五险"通常指养老保险、医疗保险、生育保险、失业保险和工伤保险;"一金"通常指公积金,但公积金不属于社保体系。

回事。基本养老保险和社保其他责任一样，由国家无限负责，终极背书是国家的财政；商业保险公司经营自负盈亏的商业养老保险，属于后面将会介绍的"第三支柱"内容。

现行政府主导基本养老保险中的城镇职工基本养老保险和城乡居民基本养老保险，在同一时段同一参保人只可选择其一参与，两者虽然都以"多缴多得、长缴多得"为计发原则，但这两种保险从金额的绝对值来说，无论缴费还是实际待遇，相差都非常大。

城乡居民基本养老保险整体待遇水平较低，目前属于自愿参保性质，部分地区政府通过财政，甚至直接全额补贴最低档的居民养老保险保费，以协助一些困难对象，可以在一定程度上认为，城乡居民基本养老保险提供的是最低养老保障。

与用人单位形成劳动关系的职工，参与的都是整体待遇水平更高（当然缴费水平也更高）的城镇职工基本养老保险。根据相关法规，理论上任何建立了劳动关系的单位和个人都必须参与。很多地区允许灵活就业人员参保的，也是城镇职工基本养老保险，你平时可能听到有些人是自由职业者，目前，每个地方的社保单位都有针对他们的个人缴纳社保办法，他们可以自己直接缴纳，他们交的社保之一就是这个。

我们经常在媒体上看到我国养老金有巨大缺口的问题，就是指目前第一支柱下的基本养老金。这个所谓缺口的成因，主要是现在退休人员正在领取退休金的来源，实际上是由我们这一代劳动人口（以及工作单位）缴纳的社保乃至税收等支撑的，也就是说，我们这一代人正在支付上一代人的养老金。这种养老金缴纳和领取代际"错配"的现象，专业上有个术语叫作现收现付①（pay-as-you-go，简称PAYG，即现在交的立刻用于现在的支出）。

然而，我国人口出生率持续下降（从2000年的14.03‰下降至2020年的8.52‰），同时人口平均预期寿命上升（从2000年的71.40岁上升至2015年的76.34岁）等因素叠加产生的人口老龄化问题（65岁及以上人口数占比从2000年的7.0%上升至2020年的13.5%）②，使得我们子女那一代的劳动人口因为人数减少，仅凭他们的社保缴费并不能支撑我们这一代到退休时所需的基本养老金支出。这个人口老龄化带来的问题，很大概率还会延续到我们子女的下一代，甚至下一代的下一代……

基本养老金在未来会出现缺口的问题并非我国独有，这实际是全球性的现象，只要是人口面临老龄化，并且是采用PAYG模式的国家一定会出现这个问题。由于我国是以社会主义公有制为基础的国家，我个人并不认为这个所谓的缺口问题很难解决，但讨论解决方案又会超越本书只是一本保险知识普及读物的范畴，我只是想说，大家并不需要过多担心，媒体在这方面很多是仅

---

① 与现收现付对应的制度为：完全积累（fully funded）。完全积累制下所缴的社保费完全归自己未来养老金领取用，其他人不能用，但缺乏代际间调剂的作用，达不到社保人人有保障的目的。一般国家的第一支柱如果采取完全积累制，会使大量资金无法有效利用。我国第一支柱基本养老金由于存在完全积累的个人缴费的个人账户部分（个人养老金部分的缴费完全进入个人账户，像城镇职工基本养老保险中用人单位的缴费绝大部分才用于统筹），实际不算严格意义上的现收现付制，更像介于现收现付制和完全积累制之间的部分积累制（partially funded）。
② 国家统计局编《中国统计年鉴2021》，中国统计出版社，2021年9月。

从表面现象进行了过多解读。而且作为个体,担不担心都没有差别,还不如把注意力用在其他方面。

关于基本养老金制度的缴纳与领取的方法和计算,从国家的角度,肯定希望最终能做到全国层面的统筹,以实现最大的公平,但目前各省市社保都有不同的规定,很难既简要又准确地罗列出来。

大家只需要记住,从成本考虑,国家基本养老金制度的目标,只会对大部分人最基本的退休生活水平提供托底保障,这样才能实现人人老有所依。当然,可以说基本养老金(特别是居民养老保险)看起来没多少,好像用处不大,但是这已经能保障很多人的养老需求了。每个人都要尽力缴纳相应的社保保费,直到满足最低领取条件,这不仅是为自己,也是为别人。

关于如何判断养老金水平的高低,这里顺便介绍一下相关领域的术语——养老金替代率。它是指劳动者退休时的养老金领取水平,与退休前工资收入水平之间的比率。当然,替代率越高越好,代表退休后的收入水平与退休前相差无几。

举个例子:你退休前一年的平均月收入为 1.25 万元,退休后的养老金为每月 1 万元,则你的养老金替代率为:

$$10000 \div 12500 = 80\%$$

请注意,80% 的替代率并不一定意味你的退休生活水平会比退休前下降 20%,因为替代率只反映了退休前后收入的变化,不能反映因人而异的退休前后支出的变化，所以，退休生活水平也可能上升，或者下降更多。

养老金替代率计算用的分子分母，都可以根据计算目的的不同而调整。比如，你的目标是希望跟市场上的一般劳动者对比，那么上述计算的分母可以调整为退休前一年当地劳动者的平均工资水平，如平均月收入为5000元，那么在这种情况下的养老金替代率就变为：

$$10000 \div 5000 = 200\%$$

或者，分子中的退休收入只看基本养老金部分，假设每个月从社保基本养老支付的部分为每月2000元，那替代率又会变成：

$$2000 \div 5000 = 40\%$$

也就是说，使用替代率的时候需要注意比较的对象，是跟自己、一般劳动者还是需要国家兜底的群众，使用不同的计算基础得出的替代率，自然会有不同的养老金规划导向。所以，当你阅读一些关于养老金的文章时，如果里面写道"超过70%—80%的替代率就是足够的"，那么就要记得看看它的计算基础是什么。

以目前第一支柱养老金的实际水平，如果你期望更高水平的退休生活，是需要第二、第三支柱补充的。

第二支柱在我国目前主要是指企业年金和职业年金。

企业年金是指企业及其职工在参加第一支柱基本养老保险的基础上,自主建立的补充养老保险制度。企业年金并非强制,用人单位可以根据自身经营状况选择建立与否。

由于建立企业年金需要掏出真金白银,因此通常都是经营情况较好的公司才会考虑此等事项。目前,企业年金中,企业最高缴纳比例不超过员工工资的8%,个人和企业合计缴纳比例不超过12%。[1]请注意,这里使用了限制词"最高"和"不超过",比如,个人可以缴纳1%,企业可以缴纳2%,合计3%,这样的组合也是可行的。

企业年金和后面很快会说到的职业年金有一个差异,就是由于企业年金经常被用作人才薪酬激励手段之一,可能会设定一个归属[2]比例。比如,在职未满三年,可以享有企业缴纳部分的60%(你个人缴纳部分根据相关规定一定是属于你的);在职满三年及之后,可以享有企业缴纳部分的100%。因此,如果第二年员工离职,员工只能获得企业年金自己所缴纳部分的全部,以及企业缴纳部分的60%,企业缴纳部分剩余的40%就会"还给"企业。

---

[1] 中华人民共和国人力资源和社会保障部,中华人民共和国财政部,《企业年金办法》,2017年12月。
[2] 英文为vesting。另外一种常见的vesting就是科技公司经常在雇员薪酬总包中设定的在工作特定年数后授予多少股票或期权。

职业年金，指的是机关事业单位及其工作人员，在参加机关事业单位基本养老保险的基础上，建立的补充养老保险制度。职业年金在一定程度上可以认为是企业年金的公务员版本（当然，这句话也可以换成"企业年金在一定程度上可以认为是职业年金的企业版本"）。

职业年金和企业年金最大的不同是，职业年金是强制性必须参与的。供职的机关事业单位会在个人缴纳一部分的基础上再缴纳一部分，因此可以认为是一笔额外收入。目前，职业年金机关事业单位缴纳比例为员工缴费工资的8%，员工自己缴纳4%，合计为12%。[1]

看到这里，你应该已经看出职业年金相较于企业年金的优势了，职业年金的缴纳比例为固定值12%，而企业年金的缴纳比例最大值是12%，但也可以是3%。

和第一支柱的基本养老保险金一样，第二支柱的企业年金和职业年金，根据相关规定会委托经过批准的公募基金、保险公司和保险资产管理公司（通常是业内最知名的公司）等[2]，进行投资管理以保持增值，根据投资表现等亦可以切换不同的投资管理人。

为最大限度地获取长期收益，投资的资产允许包括高风险的

---

[1] 根据《国务院办公厅关于印发机关事业单位职业年金办法的通知》（国办发〔2015〕18号），缴纳基数实际应该是个人缴纳社保时的计算基数，与使用工资作为基数在一些情况下还是有差别的。

[2] 具体符合资格的机构名录可以访问中国证券投资基金业协会官网（https://www.amac.org.cn/）的"信息公示"栏目查询。

股票等权益类投资，甚至目前企业年金等投资于权益类资产的占比，最高可达40%。实际上，投资股票这些权益类资产很好地符合了养老金负债的属性，只是不可避免地跟随市场出现短期波动，个别投资周期里账户出现负增长属于正常现象。

相较于第一支柱的基本养老金，第二支柱在我国覆盖范围相对非常小。原因刚才已经说了，虽然职业年金是强制缴纳，但毕竟不是每个人都是公务员；而成立企业年金必将增加额外的用人成本，企业只有在自身经营情况很好的情况下，才会考虑设置企业年金。

即使经营情况很好，由于企业年金涉及税收优惠等因素，相关法规要求企业年金需要等到退休等特定情景才允许领取。在这种限制下，很多人会认为与其用这笔钱成立企业年金，还不如直接拿来增加员工当期工资收入更有吸引力。虽然企业年金最终到手的时候会更多（因为多年投资积累等因素），但大部分人会认为退休离自己实在太遥远，当下就能多拿一笔钱显然更有吸引力。

有些企业即使成立了企业年金，也只是为了满足一些考核指标走个形式，比如缴费比例设定得很低。因此可能还需要更多政策去激励用人单位设立企业年金，以扩大第二支柱在我国养老体系中的作用。

广义上，所有为自己退休准备的资金安排都属于第三支柱，包括银行理财、基金、定期存款、商业保险甚至房产（可以获得租金或者变卖收入)等。如果购买这些投资品全部或者部分的目的是用于自己未来退休养老的，就符合个人为养老进行规划的第三支柱定义。6岁时往存钱罐里投了很多硬币，说等自己60岁再用，理论上也属于第三支柱的养老准备。

这种依靠自己的储蓄习惯应对个人养老的方法，缺点或者说风险也是显而易见的，还不是投资收益不可控的问题，而是在退休之前你的钱可能已挪作他用。比如，每个月往基金定投1000元，坚持几年穿越若干"牛熊"之后，看到一辆车非常心仪，实在抵挡不住吸引就把基金全部赎回。虽说距离退休可能还有一段时间，钱还有机会存回来，但是这种消费冲动很容易打击开始新的储蓄计划的积极性，毕竟那么多年的坚持，一瞬间就可以全部花出去。

写作本书时，国家发布了《国务院办公厅关于推动个人养老金发展的意见》(2022年4月)，为第三支柱发展提供了制度性方向的意见：未来将会建立个人养老金个人账户制度（你读到本书的时候可能已经有了）。只要参加了我国基本养老制度，都可以参加。

它最重要的特点就是，通过提供一定税收优惠，鼓励个人向个人养老金账户缴费，并购买符合个人养老金制度认证的金融产品。个人养老金个人账户会像现行第一、二支柱提供的养老金一样，会限制领取的条件，以达到为养老强制长期储蓄的目的。

限制领取的意思就是，一般除了达到基本养老金领取年龄、完全丧失劳动能力等情形，你不能随便提前提取这些钱，不然你的"储蓄"可能在退休前就花完了。可能世界上存在自制力极强的人，但自制力欠缺的人也不少。从国家的角度，通过普适规则限制所有人，以最大效率节省管理成本。

由于写作本书的时候具体税收优惠政策还没有公布，缴纳和领取的税收措施未知，目前只看到参加人每年缴纳个人养老金的上限为12000元。如果最终对这部分缴费金额完全免征个人所得税，即使对于边际税率已经在最高档45%的高收入人士，相信每年因此能获得的税收优惠金额还是有不少吸引力的。

保险公司由于能提供抵御长寿风险的养老保险产品，一直以来被认为是第三支柱的重要参与者。然而在本书前面部分已经提过，目前国内保险公司提供的养老年金产品，绝大多数在本质上是提供以收益为主的储蓄型产品，在一定程度上和银行理财、存款等更为接近。

养老年金名字叫养老，却没有承保长寿风险的原因是：以养老保险的基本款——即期年金为例，典型的即期年金一般会在退休第一天，要求被保险人一次性缴纳所有保费，然后立刻进入年金领取周期，被保险人可以一直按周期、按保险合同约定的金额领取年金，直至身故。

即期年金也可以认为是被保险人在退休时，将所有为退休准备的储蓄作为保费交给保险公司，以换取保险公司承诺给付养老金至终身。如果被保险人活得比保险公司预期的长，保险公司就会亏损，反之，保险公司就会赢利。

然而，很可能出现被保险人身故太早的情况，极端情形就是交完保费的第二天就去世了。按照典型的即期年金约定，此时保险合同结束，保险公司完全赚取了被保险人作为保费缴纳的整笔养老储蓄。

这虽然符合保险合同约定，最"正宗"的商业养老保险就是以这种方式承保长寿风险的，但这会给消费者带来非常差的感觉：我辛辛苦苦攒的养老积蓄就这样被保险公司拿走了。我还不如存入银行，如果早逝，这笔钱还能剩下不少，可以留给子女。这时候消费者是不会想到自己活得太久也是有风险的。

实务中，这种能真正抵御长寿风险的即期年金，或者类似的递延年金都非常难卖。保险公司会顺应消费者的心理需求，在保险责任里增加最低年金领取次数等条款，在被保险人身故后，没有达到最低领取次数的剩余年金部分都会继续支付给指定受益人。

这种保底设计造成年金的长寿风险保障性大幅度降低，这些养老年金实际变成了两全保险，也就是我们常说的储蓄型保险产品。没有太多保障内容的储蓄型保险和其他金融机构的产品相比，如果失去保险能保风险的独特优势，就只能去拼所谓的收益率了。

所以，第三支柱下的养老准备，即使使用保险公司的产品，也没有太好的长寿风险解决方案，还是回到了最简单的往存钱罐里投钱，然后再用这些钱看看有哪些稳健投资品可以投资保持增值会比较好。

高危或拒保职业如何购买保险？

每家保险公司都会根据本公司的《职业分类表》确定被保险人的职业风险。目前，国内大部分保险公司的职业分类方法使用的，是从可承保风险最低1类到最高6类的六类职业分类，再加拒保职业。高危职业通常指的是5、6类职业，有些公司也会把拒保职业加入高危职业中。

保险公司使用的《职业分类表》中的职业非常具体，基本能想到的职业都能找到。下面是从某人身险公司职业数目超过2000种的《职业分类表》随机摘取的内容：

1类：影视置景制作员、酿酒师、中小学教师等。

2类：土壤环境监测工、家庭主妇、动物检疫检验员等。

3类：船舶加油工、航空货运理货员、酒吧工作人员等。

4类：洗衣机制造装配工、混凝土工、救护车司机等。

5类：工具五金制品制作工、海水浴场救生员、摔跤运动员等。

6类：消防人员、焊管工、露天采矿挖掘机司机等。

拒保：爆破工、潜水员、矿工等。

个别职业在不同公司的分类可能略有差异，但职业分类在行业基本已经算是共识，公司之间整体不会有太大差别，不太可能出现一个职业在 A 公司是拒保职业，到了 B 公司却是 4 类职业。

职业风险对一般意外[①]保险责任的影响最大，比如，以人身险业务中最常见的、保险期间为一年的一般意外伤害保险产品为例，365 天里被保险人的工作时间肯定占保障时间的主要部分，也就是说，职业内容是影响该产品风险的重要因素。

因此，同一个意外保险和同样保额下，如果这个意外产品实行按不同职业等级收取保费，那么职业风险等级高的保费因为风险因素，肯定要高于职业风险等级低的保费。

也有为了方便销售，设计成按均一费率收取保费的一般意外伤害保险产品，通常是假设承保人群的职业分类比例，通过一个风险加权后的职业系数，在费率里提前考虑了不同职业分类人群投保的影响。这类产品均一费率通常会限制 1—4 类职业投保，作为高危职业的 5、6 类会拒保，或者仍需要按照相应职业等级的风险收取有针对性的保费。

不是所有意外风险都受职业的影响，涉及交通工具意外的风险显然与职业风险没什么关联，比如航空意外责任。无论什么职

---

① "一般意外"在保险产品的责任中通常是指所有可能发生的意外。

业的人购买交通意外保险产品,只要他是以乘客的身份乘坐交通工具,遭遇保险事故都能获得相应理赔,所以交通意外保险产品使用的是与职业无关的单一费率。如果曾经买过这种保险,你会发现投保时需要填的投保告知,很多时候不会询问你的职业。

含有疾病相关责任的保险产品,比如医疗险的整体风险,与职业的关联度没有意外风险那么大。这些产品的主要风险成本来自疾病,意外部分成本占比相对较少。因此,即使是高危职业,这些产品可能也不会针对被保险人的职业类别单独加费,或者加费但加费的比例没有在意外险上加的比例那么高。

从事高危或拒保职业的人,由于工作中经常面临可感知的危险,因此风险意识和购买保险的积极性比普通人要高得多。他们甚至愿意付出比正常水平更高的溢价保费,以获得商业保险保障,风险越高的职业,这种现象越明显。

对于从事高危职业(5、6类)的人,保险公司考虑他们的风险虽然比一般人要大,但仍然可以承受,因此还是会向他们销售常见的意外险、定期寿险、重大疾病保险和医疗保险等个险产品。也就是说,高风险职业与低风险职业能购买的保险其实没有太大差别,只是费率等承保条件可能会根据保险产品的具体承保规则有所调整,并且因为风险控制,保额比一般人能购买的最大额度要小不少。比如,有些意外险产品在网上销售时,1类职业的被保险人可以购买最高100万元的保额,6类职业的被保险人虽然也可以购买,但能买到的最高保额就只有10万元。

高危职业者也可以考虑与工作单位其他从事相对低风险工种

的员工一起，进行团体投保。保险公司团体保险业务的核保规则，一般会规定团体中高危风险职业人数在团体中的占比，这样整个团体的平均风险会比只有高危职业的人投保要低，保险公司更愿意接受这种"平均"后的集体风险。

对于拒保职业，除一些保障成分较小的储蓄型产品，从事相关职业的人以个人名义其实很难找到合适的商业保险产品。从事这些职业的人很多时候会以团体名义投保团体保险，比如属于拒保职业的远洋渔船船员或者矿工，因为风险高但是收入也高，经常"组团"向保险公司咨询购买商业团体保险的可行性。保险公司面对这类业务时，通常会先向风险承受能力更大并且经验数据更丰富的再保险公司寻求临时分保支持，在获得再保险公司的支持后，才会进一步评估承保的可行性。

如果从保险公司或者再保险公司角度，将一些职业列入拒保职业一定是有原因的，所以从事拒保职业的人实际并不容易获得商业保险公司的保障。

凡事也有例外的时候，比如一些政策性针对特定拒保职业的保险，通常会指定一些国有背景的保险公司和再保险公司承保。

从事拒保职业的人如果找不到商业保险方案，但是有保险需求，是可以自保的。写作本书的时候，监管部门批筹了中国渔业互助保险社，主要发起人为中国渔业互保协会和一些省份的渔业互保协会。

原来的渔业互保协会只是一个社会团体，如果该互助保险社最终能成立，它将成为一个接受银保监会偿付能力监管的金融组织，抗风险能力将有很大提升。

互助保险社或者说相互保险组织，作为历史上保险组织出现的最早形式，经营所产生的盈利归全体社员所有，产生的亏损也由全体社员一起承担，非常适合向传统股份制保险公司不愿意承保的高风险职业，提供风险体自负盈亏的保险方案。

"惠民保"的本质

"惠民保"指的是近几年在全国各地不少地方开展的，主要由当地政府牵头，并由保险公司实际承保，在社保的医保保障以外向居民提供的，以额外补充医疗为主要责任的商业保险业务。

各地惠民保的保障范围多少会有差异，但基本特征是：保费低廉，一般每人每年几十元到200元；保险责任通常为经过医保赔付后的，住院医疗费用的剩余部分；基本保额可能高达200万元，但有1万—2万元的免赔额。

上面这段话，你可能只注意到"保费低廉"以及"保额可能高达200万元"，接下来将这段话重新整理一下：

一、它保障的只是住院医疗费用（作为参考，2019年三级公立医院单次住院平均费用为13670.0元[①]），不包括赔付成本更高

[①] 数据来源：国家卫生健康委员会编《中国卫生健康统计年鉴2020》，中国协和医科大学出版社，2020年10月。按照我的理解，此数字未包括医保支付部分。

的门急诊医疗费用（三级公立医院单次就诊平均费用为337.6元，但发生率远比住院高）。有些地方的惠民保也保障住院前后与住院原因相关的门急诊费用。

二、设置免赔额，意味着落入1万—2万元范围内的住院费用主体部分仍然由患者承担。虽然1万—2万元对于很多家庭仍是不小的数目，但在我国目前的经济水平下，并且还有来自医保、政府、社会以及亲友的可能支持，这个水平的住院费用大部分人仍然承担得起，为这部分1万—2万元的医疗费用购买商业保险没有急切性和必需性。

三、设置1万—2万元免赔额的产品设计，使得惠民保可以大幅降低理赔预期，进而以更低的保费去针对发生概率更低，但对个人经济影响最大的超高额住院费用提供保障，这就是惠民保能以最低几十元保费就提供最高200万元基本保额的统计学原理。它针对的是发生率非常低，但是金额非常高，只要一发生就会对个人经济状况产生重大影响的长尾部分概率分布。

对保险产品有点研究，或者读完本书前面部分的朋友，应该能发现惠民保就是一个团体版的"百万医疗"保险产品。我更愿意将它归类为，用团体大额补充医疗保险产品定制的团险业务，百万医疗产品本身也是从团体大额补充医疗保险产品发展而来的。从保险背后的再保险公司角度，惠民保的风险性质也像一个团体医疗险的临分业务[①]。

既然惠民保底层是一个市场早已存在的团体大额补充医疗保险，仅从保险责任或者产品定价原理这些方面看，惠民保和其他短期健康险产品类似，算不上什么创新业务。

惠民保能在全国各地大规模推出的基础，实际上是智能手机和移动支付的普及与发展，将如此小额保费的保障，在上下班坐公交的路上就能完成整个投保流程，这在功能机时代是难以想象的。不仅仅是惠民保，现代科技在保险产品的投保过程中也产生了很大的帮助。

保险公司传统渠道一般不愿意销售这种惠民保产品。即使手续费比例再高，百元保费下的手续费绝对金额有限，代理人会认为精力不如花在其他业务上的收益更大。

网上渠道则不会有这种选择倾向，并且非常容易与大量消费者建立联系。如果没有网络平台，是不可能处理惠民保动辄数百万被保险人的体量的。

由于惠民保是以政府为主导的，很多购买惠民保的消费者认为，他们购买的是政府提供的保险产品（无法区分实际提供者到底是政府还是保险公司），保险公司如果借惠民保业务之机开展后续销售行为，容易引起消费者的反感和投诉。目前，《中华人民共和国个人信息保护法》已经生效，这种以往保险公司常用的，以相对便宜的产品作为敲门砖引流的手法，现在很容易引发保险

---

① 临分业务，即临时分保业务，为再保险业务方式的一种。

公司的声誉风险。

惠民保底层的团体大额补充医疗保险，过去十几年早已用于各种政企合作的保险项目。历史赔付数据显示，如果考虑综合赔付率这种短期险常用的利润指标，各地惠民保业务有一个算一个，保险公司的最终结果大概率是亏损。

当综合赔付率很低的时候，也就是保险公司赚钱的时候，更多保险公司会认为有利可图，然后加入竞争，导致来年保费降低或者保险利益提高，这样综合赔付率会逐渐上升直至保险公司亏损，甚至经常出现一年亏损就把以往多年累积的利润一下赔光的情形。

保险公司在综合赔付率上升或者开始赔钱的阶段，也很难调高价格，或者降低保险利益以降低亏损，因为承保人群中的健康人群，很容易找到条件更好的保险而离开，而身体状况相对较差的被保险人，因为无法找到更好条件的保险，则更愿意选择留下来。无论保险公司来年加价多少，只要增加后的保费比保险金额低，他们都愿意留在这个保险里。

上面描述的就是保险业著名的健康险赔付"死亡螺旋"，死亡螺旋和难以预测的医疗赔付成本，使得医疗险大部分都设计成短期险。即使现在市面上出现了保证续保期间长达20年的医疗险，但是这些保证续保20年的保险实质上会根据保险条款中约定的调整规则允许进行费率调整，本质上也反映了此类风险在长期时间尺度下巨大的不确定性。

当然，保险公司不会仅从利润方面评估惠民保业务，说辞无非就是通过惠民保可以获得额外的承保数据，以及扩大知名度，以期在获得消费者认可后产生新的销售机会。个别保险公司也有经营压力，比如一些成立不久的保险公司，最直观的保费规模指标压力较大，惠民保对这些保险公司来说就是一个不错的保费增长点。惠民保毕竟针对的是一个地区的居民，业务体量能使自己的经营业绩增色不少，特别是在每年的工作总结中，写上承保了哪些地区数十万上百万的人，会特别有亮点。

这些操作并没有绝对的合理和不合理，只是保险公司需要根据自身情况，在平衡利益和成本时做出判断。其实，惠民保产品在中国保险市场基本做到了共赢，如果不算真正提供资金的保险公司股东，政府、老百姓、保险公司的大部分人等都能从惠民保业务中各取所需。

一直以来，我对惠民保的态度就是，只要你居住的地区推出了这种产品，就应该买，年纪越大越应该买。如果当地的惠民保允许既往症人群投保，那么，开玩笑地说，有既往症的老年人哪怕是借钱也要买。这是因为市面上大多数惠民保的费率，都是不区分年龄、性别、健康情况的均一费率。不管是年轻人还是老年人，不管是健康体还是非健康体（如果允许承保），保费都是一个价格。年轻、健康的被保险人的保费"补贴"了年纪大、健康情况不佳的被保险人。

本书前面已经说过，因为风险特征，老年人对保险公司来说属于高风险人群，他们非常难买到合适的商业保险，特别是商业健康保险。现在，惠民保除了能允许老年人投保，甚至还能承保有既往症的老年人。即使惠民保绝大部分保险期间只有一年，可能明年保险方案就会调整甚至终止，但能保一年也是一年呀。

然而，即使承保条件如此宽松的保险，并且在我眼中确实是保险公司让利于民的业务，随着惠民保在我国很多地方铺开，也能看到有不少购买了惠民保的消费者抱怨："原来我买的这个保险理赔有这么多条条框框，100元保费不也是钱吗？"

我们不能期望每位购买这种产品的消费者都有足够的理解能力，毕竟普惠型保险产品会广泛吸引各种层次的消费者，保险公司在销售以及理赔的时候，要做好消费者教育以及引导工作，这也非常考验保险公司的运营能力。

对于不想购买惠民保、身体健康的年轻人，如果想保障同类保险责任，直接考虑同类型的普通百万医疗保险产品即可。本书也多次强调，这些非保证续保的保险，短期看似有吸引力，但长期欠缺稳定性，有经济能力的人更应优先购买能完全锁定长期健康风险的保险，如长期重大疾病保险，这是更好的选项。

延伸阅读 2:
一些购买保险以外的知识

关于精算师

我最初入行是被那篇写于 21 世纪初的题为《中国未来至少需要 5000 个精算师》的文章所"蛊惑"。这篇文章是如此有生命力,以至 20 多年后的今天,在网上以"精算师"为关键词搜索,它仍然可能出现在搜索结果里。

"精算师"这一名称在媒体报道的语境中,大多是指工作内容涉及精算的从业人员,这其实不严谨。业内只有通过相关考试,获得各大精算师协会正精算师(Fellow,或正会员)和准精算师[①](Associate)资格认证后,才可以称为精算师。除了通过相关考试,获得精算师认证可能还要满足一定的相关精算工作经验年限要求。

在国内乃至全世界,精算师或精算从业人员,主要就职于保

---

① 拿到准精算师资格认证一般只是职业中途,多数精算从业人员都希望最终能获得正精算师资格,因为相关法规赋予一些特定精算相关工作权力都是授予正精算师的。另外,在工作中没有精算师资格又想拿更高职位或者更高收入是比较难的。这是门槛,能跨过应尽量跨过。

险公司、保险集团或再保险公司（国内占比超过85%[①]）。所以，很多时候"精算师"也会被称为"保险精算师"。

精算师或精算从业人员不仅能在传统的保险领域工作，在咨询公司、银行、资产管理机构、政府部门及教育机构也有广泛的就业机会，因此不仅有"保险精算师"，还有"投资精算师""政府精算师"等。

精算师是一个职业资格认证。在大学里完成精算，或者涉及精算方向的数学、统计学或保险学等相关专业的学业后只是获得一个学位，和学习物理或者历史的毕业生一样，拿的是教育主管部门授予的资格，仍然需要按相关要求完成一系列精算师职业资格考试认证，才能成为一名精算师。

从全球范围看，目前接受度最高的精算师认证，是北美精算师协会（Society of Actuaries，简称SOA）和英国精算师协会（Institute and Faculty of Actuaries，简称IFoA）提供的考试。中国精算考试认证体系[②]亦有20多年的历史，开展多年以来考试内容趋于成熟，应考人数众多。

根据各精算师协会的章程，完成各协会所有考试后获得的精算师资格，分别为北美体系的FSA、英国体系的FIA或FFA（苏格兰精算师公会正精算师）、中国体系的FCAA（中国精算师协会

[①] 赵宇龙，《精算师在中国——精算技术是保险专业化发展的重要基石》，2018年5月第三届北美精算师协会中国年会。

[②] 由于各种原因，中国精算师考试自2018年一度暂停，具体恢复时间另行通知。

正精算师)。国内保险公司的总精算师至少持有这些体系精算认证中的一个。

参加精算考试的报名门槛非常宽松,以中国精算师资格认证考试为例:

> 符合下列条件者,可报名参加精算师资格考试:
> (1)遵守国家法律、法规和行业规章;
> (2)具有完全民事行为能力;
> (3)取得国务院教育行政部门认可的大学本科(含本科在读)及以上学历或者学位。①

只要本科在读或者有个本科学历,就可以报名参加,也就是说,并非一定学的是精算专业才能参加,即使学的是看起来离精算很遥远的专业,比如芭蕾,也是可以报名的。

北美精算师协会对想成为精算师的朋友的要求,类似中国精算师协会的要求。而公认资格认证最难的英国精算师协会则表示,如果连高等教育学历也没有,没关系,可以来考个最基础的科目 CS1(精算统计)和 CM1(精算数学)②,通过就可以继续后面的科目,这个门槛考试不需要成为英国精算师协会会员也可以

---

① 中国精算师协会,《中国精算师资格考试常见问题解答》,http://sgtd14.ata-test.net/SGTD14reg/Readme/FAQ.html。
② 英国精算师协会 IFoA, *Route To Becoming An Actuary*, https://actuaries.org.uk/qualify/become-an-actuary/route-to-becoming-an-actuary。

考（但希望不要有人上钩，不开玩笑，完整的英国精算师认证考试非常难）。

不仅各主要精算师协会考试的报考门槛非常宽，像中国精算师和英国精算师的考试，目前是没有严格的考试科目顺序的，甚至可以一次性报名参加全部科目，或者可以选择从最难的高级科目往相对容易的初级科目考。先学走路再学爬，这在一些精算考试中是允许的，当然考不考得过是另外一回事。

各个精算师协会之间可能还会提供部分指定科目的相互认证免试，比如，北美精算师考试和英国精算师考试之间，可以相互豁免不少科目，这导致国内不少曾经参加英国精算师考试的人都"半途而废"了，转投相对简单的北美精算师考试。

即使通过了所有要求的考试科目，根据各自协会的相关章程，除北美精算师协会[①]外，目前中国精算师协会和英国精算师协会都要求学员提供至少三年精算工作经验证明，并且要有两位正精算师的推荐，才能授予相应协会的精算师资格。

也正因为这样，大家可以看到中国精算师协会公布的每次考试后通过的准精算师（中国精算师的准精算师没有工作经验要求）名单会比精算师的名单要长很多。准精算师名单里考生工作的行业和公司非常广泛，而精算师的名单基本就集中到保险公司或者咨询公司。

说完考试，现在介绍一下精算的实际工作内容。为方便起

[①] 对于目前不需要相关工作经验就可以拿到认证的北美精算师，后面高级科目的考试费不便宜，没必要在能找到报销你考试费的精算雇主之前考这些科目。

见，从这里开始只讨论国内精算就业人数最多的人身险行业。

保险公司对精算人员的需求和保费规模不完全成正比，比如，保险公司保费规模从每年 10 亿元发展到每年 100 亿元的时候，销售人员可能会从 1000 个增加到 8000 个，但是精算人员可能从 30 个增加到 35 个就足够应付新的工作量，因此，绝大多数的人身险公司只会在总公司才设立精算部以及配置精算人员。

每个保险公司肯定有自己独特的治理结构，但根据职能，基本可以对内部做如下划分：

公司管理层 总经理、总精算师、首席财务官、首席人力官等实际为各股东利益方代言，并且分管各职能部门的高级管理人员。

前台部门 销售渠道部门，如个险业务部、银行保险部、团体保险部、网销渠道部、市场部等。

后台部门 客户服务部、资产管理部、信息服务部、精算部、核保核赔部、人力行政部、财务部等。

精算部是典型的后台部门。每个公司根据自身情况会有不同的精算人员配置，比如，很多保险公司的团体业务部为事业中心建制（就像一个迷你公司一样自负盈亏，可能会配备个别精算人员）；一些保险公司的市场部，甚至分公司，偶尔也有精算人员配置。也就是说，并不一定只有总公司的精算部才有精算人员，只是总公司的精算部肯定是保险公司精算人员最多的地方。

任何保险公司的精算工作，根据工作内容都可以分为两大职能：定价（Pricing）和评估（Valuation）。规模大一点的保险公司经常将这两个职能分拆成独立部门，定价职能单独成立一个产品部，精算部只负责评估工作，这样可以方便管理。近些年，随着监管制度的发展，还要求保险公司成立独立的风险管理（Risk Management）职能或部门，这实际上也是精算工作的延伸。

什么是定价？

"定价"，顾名思义，就是根据目前的信息预测未来，为保险产品确定合理价格的精算工作过程。保险公司精算部（或者产品部）通常按产品销售渠道分配定价人员，这样配置是为了与前台不同销售渠道部门对应建立联系和方便沟通。

定价的大致工作流程如下：

保险产品初步创意　创意可以由销售部门或市场部门等进行市场调研后提出，比如最近热销什么产品，我们公司是否需要跟进？合作的第三方销售平台或者再保险公司也可能会提供新产品建议。

保险产品形态讨论　这里需要召集各相关部门举行会议，确认产品的最终形态,比如具体保险责任、销售费用、核保规则等,这是一个非常耗时并存在反复的过程,甚至在万事俱备已经可以上线销售的前夕,都可能全部推倒重来。

定价模型和保费计算 确定产品形态后,精算定价人员需要遵从一般精算原理,并根据监管部门相关规定建立定价模型。基于各种假设,模型中需要对产品未来保险期间内各种可能出现的情况进行预测。

本书前面部分说过保险产品定价的三大假设,包括:预定发生率、预定利率和预定费用率。根据开发具体产品的不同,这三个假设的相对重要性不同。这些假设可以从行业表、公司已有类似业务的经验和费用分析结果,以及再保险公司等地方获得。

目前,国内人身险公司定价主要使用电子表格软件建立现金流测试模型。所谓现金流测试,就是保费等收入项减去赔款等各种支出项,得到的各预测周期末的现金流,进而得出在不同风险场景以及监管部门要求的偿付能力场景下的产品利润指标,以确认此产品的可行性。

备案材料准备、总精算师批准及向监管部门备案 定价模型的计算结果通过内部测试和复核后,根据目前监管部门的规定,精算人员将包括精算报告、产品条款、保费表等在内的备案材料,提交总精算师最终审核并签字(其中的保险条款由公司法律责任人审核签字确认），并对备案材料加盖公司公章，提交银保监会产品备案系统备案后，这个保险产品理论上就可以上市销售了。

部门内部的配合　由于大多数保险公司的定价模型都是用电子表格软件完成的，因此在产品定价阶段，电子表格是一种非常强大且直观的工具，附带的宏语言也是一个简单易用能协助相关工作完成的编程语言，但为了完成后续评估工作，还需要效率更高的专用精算软件。因此，定价人员完成开发新产品后，还需要配合评估同事（有些公司的建模和定价是同一人）把电子表格模型转换为精算软件用的模型。

与其他部门的配合　精算定价完成后，还需要把模型计算出来的保费、现金价值等产品数据，提供给信息技术部门，并配合核心系统、业务系统等完成开发测试，这时，新产品保单才能真正出单销售。核保核赔部门也需要和定价人员确认最低和最高投保限额，销售部门需要确认产品销售演示工具计算结果的准确性，等等。定价人员可能还要参与客服部门的售后工作，比如超大额保险理赔时金额的最终确认。

公司外部的配合　如果保险产品涉及再保险安排，还需要完成再保险谈判、再保险合同签署、后续临时分保请求以及再保险账单结算等工作。现在一些保险第三方销售平台也是保险公司的重要业务来源，精算人员可能会配合这些平台的需求，出席新产品上市路演，以便增强宣传效果。

什么是评估？

"评估"从字面上理解就是对承保业务，根据监管规则估算一个合理的价值。很多评估精算人员的主要工作内容就是按月、按季、按年等周期，准备各种监管部门规定的和内部要求的精算报表，供合规公司管理层经营决策使用。

从具体工作内容来说，评估大致细分如下：

准备金和偿付能力监管　保单卖出后，保险公司收到保费的同时，承保的责任会形成负债，这主要体现在需要提取准备金和对应的偿付能力上。

随着监管制度的发展，本书写作的此刻，国内准备金有三套计算标准：法定准备金（名字虽然是法定的，但没有多大实际用途，存在的意义可能是用来计算风险保额）、会计准备金（用于计算会计利润和税）和 C-ROSS 准备金（用于产品利润测试和计算偿付能力）。上市、合资和外资保险公司可能还需要根据上市地的要求，或者外方股东所在国或地区的要求，计算符合当地监管标准的准备金和偿付能力。

由于相关准备金和偿付能力报表的时效要求高，此岗位是我认为所有精算工种中加班相对最多的。报表其实也不是仅靠精算部一个部门就能完成的，来自财务、投资等部门的数据以及一个强大的核心业务系统，是报表工作成功完成的关键。

经验分析　定价和评估使用的假设需要定期更新，通过对承保保单的历史经验分析，可以调查哪些假设需要调整。紧跟形势的定价假设可以让产品保持价格竞争力的同时扩大销售，也可以让保险公司及早对亏损的保险业务采取风控措施。

分红险产品需要根据经验分析结果，确认实际经验和定价时候的假设有多少差异，以便管理层决策每年分红险产品发放的红利该有多少。

资产负债匹配　由于人身险公司的保单以长期业务为主，对应保险责任的负债也是长期负债。精算人员需要与投资部门紧密合作，提供合适的负债信息，如久期等，以保证资产管理部门做好合理的投资规划，这对以利差为主要利润来源的人身险公司来说特别重要。

业务规划　基于存量业务和未来发展愿景，对公司未来业务和费用等做出预测并设立预算，最重要的工作结果是获得关于未来偿付能力和资本需求的信息。如果预期偿付能力会因为公司扩张过快，而出现达不到监管标准的趋势，那么就需要及早规划股东注资等安排，以规避可能的监管干预或者因为资本不足造成的业务瓶颈。

IFRS17 国际会计准则理事会（简称"IASB"）在各方长期努力（博弈）下，于2017年正式发布了《国际财务报告准则第17号——保险合同》（简称"IFRS17"）。关于它的最主要目的，我个人理解是将以往晦涩的需要具备精算知识才能解读（虽然我个人并不这么认为）的保险公司报表，以更清晰简明的统一标准，呈现给投资者和分析师等这些大部分是非精算专业但是对保险业有兴趣的人士。如果在全行业范围实施，将是对保险业的一个非常重大的改变。

除了需要更多精算人员，保险公司实施IFRS17需要投入非常大的系统开发资源，截至写作本书时，只有几家上市保险公司完成了IFRS17项目的实施，更多的保险公司对IFRS17仍持观望态度。

目前，对于从业人数，一个中型人身险公司的精算人员的常见配置为：

总精算师（1人，任命须经过银保监会批准）、精算部总经理（1人，亦可以由总精算师兼任）、精算部副总经理（2人，各分管产品和定价）、定价职能（通常每个销售渠道配置1—3人，整个职能一般为7—15人）、评估职能（上面说的细分职能一般每个配置2—5人，整个职能一般为10—25人）。

也就是说，一家人身险公司的精算人员人数为20—40人。

截至2018年4月底，中国内地一共只有978名精算师，

1123名准精算师，所有精算从业人员数量合计3843人[1]，离大约20年前的"中国未来至少需要5000个精算师"这个预测，还是有点距离的。

从我最初入行找工作直到写作本书时，精算应届生或者没有相关工作经验，但参加了精算考试的人员数量，和精算入门级职位的数量相比，一直都是供过于求的，这么多年来都是如此。一个精算初级职位招聘收到很多份简历是常见的事。

现实中，保险公司虽然也缺精算人员，但缺的是有经验的精算人员。"缺有经验的"不一定产生"招收没有经验的"的需求，有经验的人在工作中被逼急后的潜力是无穷的，只要能熬过加班季，招聘需求就没那么迫切了。

近年来，很多学校新开设精算专业，加上海外院校精算专业的毕业生归国，造成国内精算应届生就业形势更加严峻。在这个僧多粥少的背景下，现在国内保险公司招聘精算应届生的起步条件，已经从我当年的本科就能应聘上变为现在基本都要研究生了，甚至要求最好是毕业于那几家传统精算学校。

一个普通背景的学生，要在学历之外的地方付出更多的努力，比如谈吐、实习经历等，才能拿下一个职位。想仅凭通过几门精算考试就能找到精算工作，然而不增强院校背景这种，不是说一定不会成功，只是付出和回报不太对等，同样精力花在其他方面，说不定成功的概率会更大。

---

[1] 赵宇龙，《精算师在中国——精算技术是保险专业化发展的重要基石》，2018年5月第三届北美精算师协会中国年会。

如果非要说精算有什么好处，那么，我觉得最大的好处就是稳定。不会像券商那样"今年发几十个月的奖金，明年开始的几年熊市里每月只发基本工资"，或者像互联网公司那样"拿着非常大的薪酬期权总包，然后遇上风向变化，或者还没熬到行权就被挂一个锅送走"。

从整体水平来看，精算工资基数确实比上不足但比下有余，除非自己不想干了，否则公司不会辞退员工，反正这么多年来，我还没听说过有公司主动辞退员工（希望不要"乌鸦嘴"）。入行之后累积个两三年经验再跳槽也非常容易，尤其现在监管部门动不动来个C-ROSS这类大政策连带二期工程间接刺激就业，行业内有经验的人流动性很高。精算师也不会有"35岁焦虑"，能和精算师一样，工作越久越吃香的应该就是教师、飞行员和医生等不多的职业了。

精算倒是有一个工作以外的大问题，也就是在中国内地，精算行业95%以上的工作机会都集中在一线城市，北京和上海最多，其次是深圳，还有一点机会在广州，其余城市的就业机会几乎可以忽略。这是因为国内精算人员的大雇主，即各大保险公司尤其是人身险公司的总部，大多数都位于这几个城市。不像程序员还能在成都、武汉等地找到不少机会，除非以后不干精算这行了，否则就很难离开北上深（看，我把广州都省略了）。

各位如果想从事精算行业，一线城市生活乃至未来成家的成本，是除了能否通过精算考试，更需要认真考虑的。

什么是再保险？

很久以前读过一位台湾教授写的文章，谈及他认为的整个金融业金字塔顶端的三种公司，分别是：投资银行、资产管理公司和再保险公司。

对于投资银行，大家可能很熟悉，它是大部分顶级名牌大学金融专业和 MBA 毕业生的终极就业目标。美国影视演员威尔·史密斯在《当幸福来敲门》这部逆境励志的电影里也为我们侧面描写过什么是资产管理公司，国内公募基金或大型私募基金也应归为此类。

在具体介绍再保险公司前，各位可以先花一点时间看看表 2 中有没有熟悉的地方。这个再保险公司排名虽然基于各公司 2019 年的再保险费收入数字[1]，但是过去很长一段时间乃至未来很长一段时间，排在前十名的都只会是这些"老玩家"。

---

[1] 贝氏评级 A.M.Best, *Top 50 World's Largest Reinsurance Groups*, http://www.ambest.com/review/displaychart.aspx?Record_Code=308074&src=43。

表2 2019年排名前十的再保险公司收入情况

排名	再保险公司名称	所属国家和地区	经营范围[①]	再保险费（百万美元）
1	瑞士再保险 Swiss Re	瑞士	财、寿再	42228
2	慕尼黑再保险 Munich Re	德国	财、寿再	37864
3	汉诺威再保险 Hannover Re	德国	财、寿再	25309
4	法国再保险 SCOR	法国	财、寿再	18302
5	伯克希尔·哈撒韦 Berkshire Hathaway	美国	财、寿再	16089
6	劳合社 Lloyd's	英国	财再	14978
7	中国再保险 China Re	中国	财、寿再	13161
8	美国再保险 RGA	美国	寿再	12150

---

① 财再，即财产险再保险或者非人身险再保险，面向财产险或者一切不属于人身险风险的再保险业务，以往英文中经常使用Property&Casualty Reinsurance，现在也广泛使用Non-Life Reinsurance；寿再，即人身险再保险，面向人身险风险的再保险业务，英文为Life Reinsurance或者Life&Health Reinsurance。

续表

排名	再保险公司名称	所属国家和地区	经营范围	再保险费（百万美元）
9	大西莱夫科公司 Great-West Lifeco	加拿大	寿再	10149
10	博纳再保险 Partner Re	百慕大	财、寿再	7285

除了我国国有的中国再保险常年位于全球最大的再保险公司前十之列，表2排在第五的就是"股神"沃伦·巴菲特的伯克希尔·哈撒韦。

在全球各地包括中国开展再保险业务时，伯克希尔·哈撒韦的再保险承保主体，经常使用旗下的通用再保险（Gen Re）。巴菲特甚至买下了人类历史上第一家专业再保险公司——距今已有175年历史的科隆再保险（Cologne Re），并整合到通用再保险的下面。我刚入行时有个匿名投票，让精算从业者选出最想加入的保险公司，第一名就是通用再保险。

伦敦金融城的著名地标，建筑大师诺曼·福斯特设计的"小黄瓜"大楼（如下页图），之前的名字叫作瑞士再保险总部大厦（"瑞再"出售后已改名，但通过返租仍在此地办公）。离"小黄瓜"不远的是同为建筑大师的诺曼·福斯特的同学——理查德·罗杰斯设计的充满工业风的劳合社大楼（如下页图，中国平安集团2013年曾经买下此楼，但劳合社仍是此楼最主要的租

177

（来源：视觉中国）

图1 "小黄瓜"大楼和劳合社大楼

户）。这两栋大楼都是伦敦金融城的象征。伦敦作为目前第二国际金融中心的地位体现之一，就是它不仅是世界保险中心，还是世界再保险中心。

作为将上海建设成为国际金融中心目标的一部分，我国监管部门以及上海市人民政府于2021年发布了《关于推进上海国际再保险中心建设的指导意见》，第一步实际对标的是目前亚洲区再保险业务集中地——新加坡。

全球最大的七家外资再保险公司[1]已全数在北京和上海开设分支机构，展开中国业务竞争。除国有的中国再保险外，国内也已成

---

[1] 劳合社本身不是一家再保险公司，而是劳合社社团成员形成的涉及保险及再保险业务的交易市场。为符合中国内地监管要求，劳合社在我国境内成立的是具有独立法人资格的保险公司。

立多家包括民企参股在内的中资背景的再保险公司，比如前海再保险。众多市场参与者叠加国内再保险相关政策限制相对较少，再保险是中国金融业不太为人所知，但实际中外竞争最激烈的地方。

再保险的定义

以专业著称的瑞士再保险在它的一份再保险出版物里写道：

再保险是保险公司的保险。[1]

我稍做诠释：再保险是分出公司和分入公司对于某项风险预期不一致而进行交易的风险转移活动。

这里的分出公司一般是直保公司，即直接承保被保险人或被保险标的的保险公司，如中国人寿保险、中国人民保险等都是直保公司。在包括中国在内的绝大多数国家和地区，我们普通人购买商业保险的交易对象一定是直保公司，再保险公司不直接面对被保险人或被保险标的。但分出公司也可以是再保险公司，再保险公司在转分保的时候可以成为分出方。

---

[1] "reinsurance is insurance for insurance companies", Swiss Re, *The essential guide to reinsurance*. ("再保险是保险公司的保险"，瑞士再保险，《再保险的基本指南》。)

分入公司一般都是专业再保险公司[1]。分入公司也可以是直保公司，只要符合监管部门的相关规定，以及牌照中的经营范围，直保公司也可以接受其他直保公司或再保险公司分出风险的分入。

什么是传统再保险？

本书前面解释过我们老百姓购买保险的最主要目的，是通过缴纳保费换取对自身未来财务状况更大的确定性。同样的道理，保险公司通过向再保险公司缴纳再保险费，进行风险转移来降低未来承保经验超出预期的波动，以及潜在的巨灾风险影响，来换取经营的确定性。这就是再保险的传统用途。

为了更好地说明传统再保险的方式，下面举例说明：

业务A 大型企业员工有2500人，每人投保身故风险保额40万元，总风险保额10亿元。

业务B 高净值人士10人，每人投保身故风险保额1亿元，总风险保额10亿元。

学过统计学的朋友应该知道，因为前者的预期方差更小，也就是预期承保经验波动远小于后者，在同样的承保费率下，保险

---

[1] 为方便起见，本书中关于再保险的讨论仅涉及再保险中的专业再保险公司的再保险角色和业务，不讨论国家和保险行业的共保机制（如核共体、海员保险等)，也不讨论再保险中介和直保集团中主要从事关联交易再保险业务的子公司。

公司肯定更愿意承保业务 A。

然而，实务中很多保险公司的业务目标是越多越好，因此保险公司想把这两个业务都争取下来。那么承保这两个业务的同时，为了避免经验波动，一个风险管理合格的保险公司就需要做好合理的再保险安排。

对于业务 A，我们可以采用**成数比例再保险**，比如保险公司自留每人风险保额 50% 成数，将每人风险保额剩余的 50% 成数分出给再保险公司的方案。这个业务下，只要出现一起身故理赔，保险公司和再保险公司就将根据自留额和分出额，按比例各承担 20 万元合计 40 万元的赔款。

对于业务 B，我们可以采用**溢额比例再保险**，比如保险公司自留每人风险保额 500 万元，500 万元以上部分全部分出给再保险公司的方案。当一位高净值人士身故时，保险公司只需自己负担 500 万元的理赔，再保险公司承担剩余的 9500 万元的赔款，合计 1 亿元的赔款。

对于分出的风险，直保公司根据再保险协议约定的费率条件，向再保险公司支付的再保险费，就是再保险公司主要的收入来源。

成数比例再保险和溢额比例再保险，统称为比例再保险，即根据保险金额按比例进行风险分摊的再保险，保险金额越高，再保险保费按比例就越高。

有比例再保险，自然还有非比例再保险。非比例再保险以赔款金额为基础约定再保险责任。

继续上面那两个团体的例子,比如业务 A 的企业所在地遇上大地震,所有人都不幸遇难了,该怎么办?虽然保险公司已经通过成数比例再保险进行了分保,再保险公司承担了其中一半,但剩下一半的 5 亿元赔款可能对保险公司财务状况仍然有冲击。

如果安排了非比例再保险中的巨灾再保险,再保险公司将会进一步承担这剩余 5 亿元赔款中的,比方说 6000 万元,直保公司因而进一步减少损失。

巨灾再保险可以购买多层保障,并且视巨灾再保险合同约定,可以在发生巨灾后选择复效(重新生效)。通常一般规模的保险公司购买一层巨灾再保险,即足以抵御百年一遇的灾难。但我也说了只是通常,国内某大型保险公司曾经在一次大地震后的赔付中击穿了三层巨灾保障。

有时候甚至连再保险公司都觉得,保险公司分保出来的保额太高了,自己也承受不起的时候,该如何处理?

这时可以找多家再保险公司共同承接这些风险,其中承接风险份额最大的再保险公司,叫作主再保险人(leader),其余的叫作从再保险人或次保险人(follower)。

作为进一步风险管理,再保险人还可以进行转分保再次分散风险,甚至将风险负债进行证券化,导入资本市场,其中一个典型例子就是巨灾债券(Catastrophe Bond)。巨灾债券属于最近几十年才兴起的另类风险转移(Alternative Risk Transfer,简称 ART)中的一种。

另类风险转移

和传统债券一样，巨灾债券会约定一个所谓的利息或收益率。但与传统债券不同的是，这个利息以及满期本金给付是有触发条件的，就是与巨灾债券发行协议里约定的某一个巨灾事件是否发生，以及发生的程度进行挂钩。

举个例子：某巨灾债券发行时约定满期收益率为LIBOR[①]+8%，同时还约定，如果美国西海岸发生了震级在7级以上的地震，并且这个地震对发行机构造成10亿美元以上的索赔，发行机构可以不支付利息，以及不返回全部或部分本金。

巧妙的是，再保险公司一般不会直接发行巨灾债券，它们会在百慕大等税收和监管有空间的国家和地区成立一家SPV[②]。很多懂金融的朋友看到这里应该嗅到ABS[③]的味道了。对的，后面的设计和结构有点类似。正因为如此，有时候巨灾债券等ART也被称为保险证券化（Insurance Securitization）。

依靠单一灾害事件为触发条件的巨灾债券，评级通常为垃圾

---

① LIBOR，全称为London Interbank Offered Rate，伦敦同业拆借利率，LIBOR是国际金融市场中大多数浮动利率的基础利率，是很多金融合同的重要参考利率。
② SPV，全称为Special Purpose Vehicle，特殊目的载体，主要用途是在资产证券化过程中购买、包装证券化资产，并以此为基础发行资产化证券，SPV与实际资产持有人有破产隔离。
③ ABS，全称为Asset-Backed Securitization，资产担保证券。ABS的本质是以某个项目资产带来的预期收益为保证，通过在资本市场发行债券来募集资金的一种融资方式。

级,但是此类巨灾债券很受资本市场欢迎,不仅因为收益率比普通债券要高,还因为发行机构的幕后实体其实是各大知名再保险公司,让市场潜意识上对这些垃圾债券产生一定的谜之信心。

另外,巨灾债券与金融市场其他投资品的关联性很小,可以说只与灾害发生率有关,金融机构买入这种投资品后可以降低持仓组合的贝塔(Beta)[1]。

再保险公司甚至还想出了更多的"玩法",比如从单一灾害事件触发,发展到两次甚至多次事件触发的巨灾(这个甚至还能提升债券评级,毕竟事件越多,同时触发这些事件导致"违约"的概率越小)。底层巨灾事件可能不仅定义在自然灾害,甚至可以和人为损失导致的灾害挂钩,比如病患对药厂某个药品副作用的集体诉讼、会计师事务所审计错误造成投资者损失被索赔等。

巨灾债券的历史其实不长,自1994年由汉诺威再保险为主要发起人,发行了历史上第一份巨灾债券后,其他国际主要再保险公司都陆续发行了自己的巨灾债券。巨灾债券现在已经成为一个很常见的再保险公司融资及风险管理手段。2015年,中国再保险在香港上市后也发行了巨灾债券[2],以提高承保风险承受能力,这批巨灾债券约定的触发事件为中国境内的地震风险。

除了再保险公司,像保险公司、跨国金融组织乃至主权政府

---

[1] 贝塔值表示投资组合波动与市场或者业绩比较基准波动的相关性,贝塔值越小(<1),表示投资组合受市场波动的影响越小。

[2] 中国再保险为这次巨灾债券发行专门在百慕大成立了SPV,这个SPV有个有趣的名字:Panda Re。

也会发行巨灾债券,向资本市场分散这种事实上为小概率的但是潜在赔款巨大的风险[①]。

除了巨灾债券,ART还有一种重要产品叫作再保险边车[②]。可以认为边车是一个SPV,再保险公司把巨灾保险或者传统再保险业务装入这个边车后,根据具体协议,购买边车的投资者承诺,当发生约定的保险事故时,会支付相应SPV所承载保险业务对应发生的索赔,SPV会向投资者支付保费作为回报。整体上可以认为再保险边车是一个再保险公司提前锁定了最大可能损失,并进行一定利润共享的再保险合同。

由于投资者可能来自保险市场以外,投资边车业务和投资巨灾债券一样,和他们持有投资品的关联性不大,不少投资者愿意支付更高的价格(相较于经常压价的保险公司向再保险公司购买再保险)参与此业务,以达到获取可能更高利润的同时,降低投资组合贝塔的双重目的。

边车业务在2005年美国卡特里娜飓风及2011年日本地震之后,两个承保新周期开始时发展得特别蓬勃。众所周知,这两起自然灾害破坏巨大,对保险业也造成了巨大的损失。灾后市场对巨灾保障需求特别大,导致巨灾保费大幅上升,再保险公司希望

[①] 2006年和2009年,墨西哥政府发行的巨灾债券触发条件是当地的飓风和地震风险;2014年,世界银行发行的巨灾债券触发条件是加勒比海十几个国家和地区的飓风和地震风险。

[②] sidecars,或叫侧挂车,其实就是跨斗摩托车的那个跨斗,只是直接翻译成"再保险跨斗"确实比较怪异。以跨斗摩托车做比喻,摩托车可以认为是再保险公司,旁边的跨斗就是再保险边车。

趁这段行情好的时候，通过边车形式以比较稳定的价格承保尽可能多的巨灾风险。

在边车模式下，这些承保风险已经切割到作为边车的 SPV 里面，如果真的发生重大赔付，影响亦只限于 SPV，对再保险公司整体的偿付能力影响有限（具体程度须根据各再保险公司适用的监管规则得出），以此达到扩大承保能力的目的。坏了的跨斗拆了后，摩托车还能继续开，以后有机会买个新跨斗装上就是了。

除了巨灾债券和边车这两个 ART，非传统风险转移其实还有很多种类，比如天气衍生品（weather derivatives）、保险关联票据（insurance-linked notes）等。

另类风险转移市场非常专业，参与的几乎都是机构玩家，除了专业再保险公司，像投资银行或者再保险经纪等也有参与。这东西充满了以小博大的特质，一些对冲基金也喜欢交易这类产品，国际市场上有不少专注投资巨灾债券的金融产品。

什么是非传统再保险？

借着巨灾债券发散说了下另类风险转移，重新回到再保险本身。除了传统的以风险转移为目的的再保险，还有一种非传统的资本操作型再保险业务，就是财务再保险[①]。直保公司使用财务再保险的主要目的，是提高偿付能力水平以满足监管要求。

---

① 财务再保险是从英文 financial reinsurance 直译而来的，实务中很多再保险公司以 financial solutions（财务解决方案）为名头进行相关业务推广。

大家可能知道，保险公司在保单开卖初期会产生包括销售费用和偿付能力要求在内的大量初始成本，根据不同国家和地区适用的监管规则，保单利润可能要在未来几年甚至数十年中才能逐渐显现。

通过财务再保险，保险公司可以将某个保险业务未来预期收入的保费（实际是未来预期的业务利润）作为"抵押"，换取再保险公司（也可以是其他直保公司）通过财务再保险提供的一笔以再保险佣金为形式的"贷款"。

由于这笔"贷款"只需要在保险公司这个"抵押"业务未来能收到后续保费收入的前提下才需要偿还，所以它在某些偿付能力规则下，不需要被列为负债项，因此保险公司的偿付能力可以得到改善。作为交易回报，保险公司会为这笔"贷款"支付一定的"利息"。

财务再保险在一定程度上属于监管套利，却完全符合监管规定。保险公司通过财务再保险，把它未来的保费收入"卖"了之后，如果它的偿付能力后续得到改善，一般会选择赎回这笔业务。赎回的规则一般在最初再保险谈判时就会约定好，属于财务再保险整体条件的一部分。

保险公司把业务"卖"了后还要"买"回来，是因为中国保险产品定价相对都比较保守，并且再保险公司为风险控制起见，也会选择利润空间大的业务要求"抵押"，有利润的业务保险公司当然得要回来。

财务再保险的设计非常灵活，以上只是举了一个"抵押"未来保费收入换"贷款"的最简单例子，实务中它能为每个保险公司提供量身定制的方案。当然，财务再保险受监管规则影响非常大。对于同一批保险业务，不同偿付能力体系下的财务再保险设计可能截然不同。监管规则迭代后，在 A 体系下能实行的方案，在 B 体系下完全走不通是很正常的事。

再保险的业务承接方式

根据业务承接方式，再保险可以分为合同分保[①]、临时分保和预约分保，其中预约分保在财产险再保险中使用较多，寿险再保险比较少用。

多数保险公司，尤其是人身险公司，都需要先和再保险公司建立合同分保联系，即签订某个保险产品的再保险合同，比如团体建筑工程意外保险产品（简称"建工险"）的再保险合同，才能进一步继续这个产品下的再保险业务联系。相较合同分保业务风险更高的临时分保业务，一般也需要有风险相对较低的合同再保险业务为基础才能进行。

继续以建工险的再保险业务为例，像城市里的办公楼、住宅建造业务等，因为风险较小，不需要经过再保险公司单独评估，可以根据再保险合同签订时双方已同意的保险产品条款和核保规则，就能纳入再保险合同自动分保。

---

① 英文中，再保险合同的合同经常用 Treaty 表示。Treaty 在外交中经常翻译成"条约"，比如 *Treaty of Versailles*，即《凡尔赛条约》。

如果是一个铁路隧道建造项目的建工险，它的风险明显要比楼房的建造工程高。根据通常的建工险核保规则，它是不能进入再保险合同自动分保的，需要单独向再保险公司提交临时分保申请。再保险公司评估风险后，会给出临时分保报价，这个报价可能和现有再保险合同条件相同，也可能是另外计算后给出的报价。分出公司接受此报价后，才能完成这个隧道工程建工险业务的再保险分出，即临时分保。

再保险公司的核心评价指标

关注再保险公司首先应关注**评级**[①]。无论是中国的C-ROSS体系还是欧盟的Solvency Ⅱ体系，评级对选择再保险交易对手有着非常重要的影响（见表3）。

表3　五家再保险公司的评级

再保险公司名称	评级机构			
	贝氏	标普	穆迪	惠誉
通用再保险	A++	AA+	Aa1	—
瑞士再保险	A+	AA−	Aa3	—
慕尼黑再保险	A+	AA−	Aa3	AA
汉诺威再保险	A+	AA−	—	—
中国再保险	A	A+	—	—

---

① 数据来源：各再保险公司官方网站，数据截止日期为2021年5月1日。

由于历史原因，全球再保险市场最常使用的评级是贝氏评级（A.M. Best）。再保险公司需定期向分出公司至少提供贝氏评级或标准普尔评级之一。

顺带指出，熟悉评级标准的都知道，通用再保险的标普 AA+ 评级不是那么好拿的。作为伯克希尔·哈撒韦的子公司，2008 年金融危机之前，通用再保险甚至获评最高等级的 AAA，长期以来，能获得标普满分 AAA 评级的公司极其罕见（比如微软），只是之后受母公司的影响降了一级。

再保险公司如何赢利

上面说过，再保险是由于交易双方对风险未来预期不一致而产生的。通常，规模再大的保险公司，在承接单一被保险人身故风险保额为 1 亿元的保单上都会犹豫，但是再保险公司承接的是不同保险公司分出来的这些 1 亿元保额的保单。这种同类型风险汇集后，风险性质就会发生变化。

保险公司会为这种仅靠自身很难控制好的高波动风险支付比较高的再保险费，而再保险公司因为同类型风险收集多了，波动性降低，实际风险成本反而低了，这种保险公司和再保险公司对同种风险的价格预期差异，就是其中一种利润来源的基础。

我们说过，保险公司在对保险产品定价时，会对预定发生率、预定利率和预定费用率这三个方面进行定价假设，进而计算出保费。当承保实际经验不同于这些定价过程中制定的假设时，就会出现我们常说的死差、利差和费差这三个利润来源。同理，再保险公司的承保经验也会产生"三差"而形成利润。

和保险公司相比，再保险公司的队伍是极端高效的团队。以业内机构庞大闻名的瑞士再保险为例，目前全球雇员有14000人[①]，人均再保险费收入却超过300万美元（依据"瑞再"2021年度财务报告计算得出）。这和保险公司人均保费收入对比，存在巨大差异（虽然这样对比不太恰当，因为保险公司和再保险公司本质上还是两类公司），间接看出再保险公司在费用成本上尤其有优势。

最后，除了传统再保险业务，现在财务再保险业务是很多再保险公司的重要利润来源。

---

① 数据来源："Our approximately 14,000 employees provide a wide range of technical expertise...", https://www.swissre.com/about-us.html。

附录
截至2021年年末中国内地保险公司名录

表4列了截至2021年年末中国内地的人身保险公司和财产保险公司。理论上,每年都可能会有新的保险机构成立、合并、更名或者退出。保险公司存续时间绝大部分都很长,把这些公司名称列举出来的目的是给大家一个快捷的汇总,这个表里所列的都是在中国内地受到监管的合法保险机构,消费者购买这些保险公司的保险产品都是合法的金融产品,受到相关监管部门及《保险法》的保护。

表4 中国内地保险公司名录(截至2021年年末)

序号	保险公司名称	
	人身保险公司	财产保险公司
1	中国人寿保险股份有限公司	中国人民财产保险股份有限公司
2	中国平安人寿保险股份有限公司	中国平安财产保险股份有限公司
3	中国太平洋人寿保险股份有限公司	中国太平洋财产保险股份有限公司
4	新华人寿保险股份有限公司	中国人寿财产保险股份有限公司

续表

序号	保险公司名称	
	人身保险公司	财产保险公司
5	泰康人寿保险有限责任公司	中华联合财产保险股份有限公司
6	中国人寿保险（集团）公司	中国大地财产保险股份有限公司
7	华夏人寿保险股份有限公司	阳光财产保险股份有限公司
8	中国人民人寿保险股份有限公司	天安财产保险股份有限公司
9	太平人寿保险有限公司	太平财产保险有限公司
10	富德生命人寿保险股份有限公司	安邦财产保险股份有限公司
11	大家人寿保险股份有限公司	华安财产保险股份有限公司
12	阳光人寿保险股份有限公司	华泰财产保险有限公司
13	前海人寿保险股份有限公司	永安财产保险股份有限公司
14	和谐健康保险股份有限公司	英大泰和财产保险股份有限公司
15	友邦人寿保险有限公司	永诚财产保险股份有限公司
16	天安人寿保险股份有限公司	安盛天平财产保险股份有限公司
17	中邮人寿保险股份有限公司	中银保险有限公司
18	平安养老保险股份有限公司	众安在线财产保险股份有限公司
19	建信人寿保险股份有限公司	安华农业保险股份有限公司
20	国华人寿保险股份有限公司	中国出口信用保险公司
21	中国人民健康保险股份有限公司	紫金财产保险股份有限公司
22	工银安盛人寿保险有限公司	亚太财产保险有限公司

续表

序号	保险公司名称	
	人身保险公司	财产保险公司
23	君康人寿保险股份有限公司	国任财产保险股份有限公司
24	百年人寿保险股份有限公司	国元农业保险股份有限公司
25	恒大人寿保险有限公司	浙商财产保险股份有限公司
26	合众人寿保险股份有限公司	渤海财产保险股份有限公司
27	中意人寿保险有限公司	安诚财产保险股份有限公司
28	农银人寿保险股份有限公司	鼎和财产保险股份有限公司
29	中信保诚人寿保险有限公司	长安责任保险股份有限公司
30	招商信诺人寿保险有限公司	都邦财产保险股份有限公司
31	民生人寿保险股份有限公司	阳光农业相互保险公司
32	光大永明人寿保险有限公司	史带财产保险股份有限公司
33	信泰人寿保险股份有限公司	美亚财产保险有限公司
34	幸福人寿保险股份有限公司	国泰财产保险有限责任公司
35	中美联泰大都会人寿保险有限公司	中航安盟财产保险有限公司
36	英大泰和人寿保险股份有限公司	北部湾财产保险股份有限公司
37	珠江人寿保险股份有限公司	太平洋安信农业保险股份有限公司
38	上海人寿保险股份有限公司	京东安联财产保险有限公司
39	平安健康保险股份有限公司	泰康在线财产保险股份有限公司
40	中英人寿保险有限公司	锦泰财产保险股份有限公司

续表

序号	保险公司名称	
	人身保险公司	财产保险公司
41	泰康养老保险股份有限公司	泰山财产保险股份有限公司
42	利安人寿保险股份有限公司	富德财产保险股份有限公司
43	交银人寿保险有限公司	利宝保险有限公司
44	中融人寿保险股份有限公司	华农财产保险股份有限公司
45	中宏人寿保险有限公司	东京海上日动火灾保险（中国）有限公司
46	长城人寿保险股份有限公司	众诚汽车保险股份有限公司
47	太平养老保险股份有限公司	中煤财产保险股份有限公司
48	弘康人寿保险股份有限公司	三星财产保险（中国）有限公司
49	华泰人寿保险股份有限公司	华海财产保险股份有限公司
50	昆仑健康保险股份有限公司	三井住友海上火灾保险（中国）有限公司
51	中银三星人寿保险有限公司	诚泰财产保险股份有限公司
52	中德安联人寿保险有限公司	大家财产保险有限责任公司
53	同方全球人寿保险有限公司	中原农业保险股份有限公司
54	渤海人寿保险股份有限公司	安心财产保险有限责任公司
55	中荷人寿保险有限公司	富邦财产保险有限公司
56	东吴人寿保险股份有限公司	苏黎世财产保险（中国）有限公司
57	恒安标准人寿保险有限公司	新疆前海联合财产保险股份有限公司

续表

序号	保险公司名称	
	人身保险公司	财产保险公司
58	财信吉祥人寿保险股份有限公司	日本财产保险（中国）有限公司
59	陆家嘴国泰人寿保险有限责任公司	中意财产保险有限公司
60	招商局仁和人寿保险股份有限公司	长江财产保险股份有限公司
61	北大方正人寿保险有限公司	安达保险有限公司
62	大家养老保险股份有限公司	燕赵财产保险股份有限公司
63	瑞泰人寿保险有限公司	恒邦财产保险股份有限公司
64	长生人寿保险有限公司	鑫安汽车保险股份有限公司
65	横琴人寿保险有限公司	易安财产保险股份有限公司
66	复星保德信人寿保险有限公司	中路财产保险股份有限公司
67	汇丰人寿保险有限公司	瑞再企商保险有限公司
68	复星联合健康保险股份有限公司	珠峰财产保险股份有限公司
69	中华联合人寿保险股份有限公司	众惠财产相互保险社
70	国联人寿保险股份有限公司	海峡金桥财产保险股份有限公司
71	北京人寿保险股份有限公司	建信财产保险有限公司
72	德华安顾人寿保险有限公司	现代财产保险（中国）有限公司
73	信美人寿相互保险社	黄河财产保险股份有限公司

续表

序号	保险公司名称	
	人身保险公司	财产保险公司
74	君龙人寿保险有限公司	凯本财产保险（中国）有限公司
75	爱心人寿保险股份有限公司	东海航运保险股份有限公司
76	太平洋健康保险股份有限公司	合众财产保险股份有限公司
77	和泰人寿保险股份有限公司	久隆财产保险有限公司
78	中韩人寿保险有限公司	爱和谊日生同和财产保险（中国）有限公司
79	华贵人寿保险股份有限公司	日本兴亚财产保险（中国）有限责任公司
80	国宝人寿保险股份有限公司	阳光信用保证保险股份有限公司
81	国富人寿保险股份有限公司	融盛财产保险股份有限公司
82	海保人寿保险股份有限公司	汇友财产相互保险社
83	华汇人寿保险股份有限公司	太平科技保险股份有限公司
84	鼎诚人寿保险有限责任公司	劳合社保险（中国）有限公司
85	三峡人寿保险股份有限公司	
86	小康人寿保险有限责任公司	
87	瑞华健康保险股份有限公司	
88	新华养老保险股份有限公司	

后 记

写作本书时,有段时间家人因为一些状况住院,其中一天陪床的早上,我去医院附近的一家快餐店吃早餐,坐下来后恰好发现对面位置是一位保险代理人正在为一位妈妈耐心地介绍保险计划。

本书最后这幅由小民老二老师所绘的插画就是送给无数像这位代理人一样,兢兢业业为我们保险业构建起每年数以万亿元保费收入的各渠道的销售朋友。

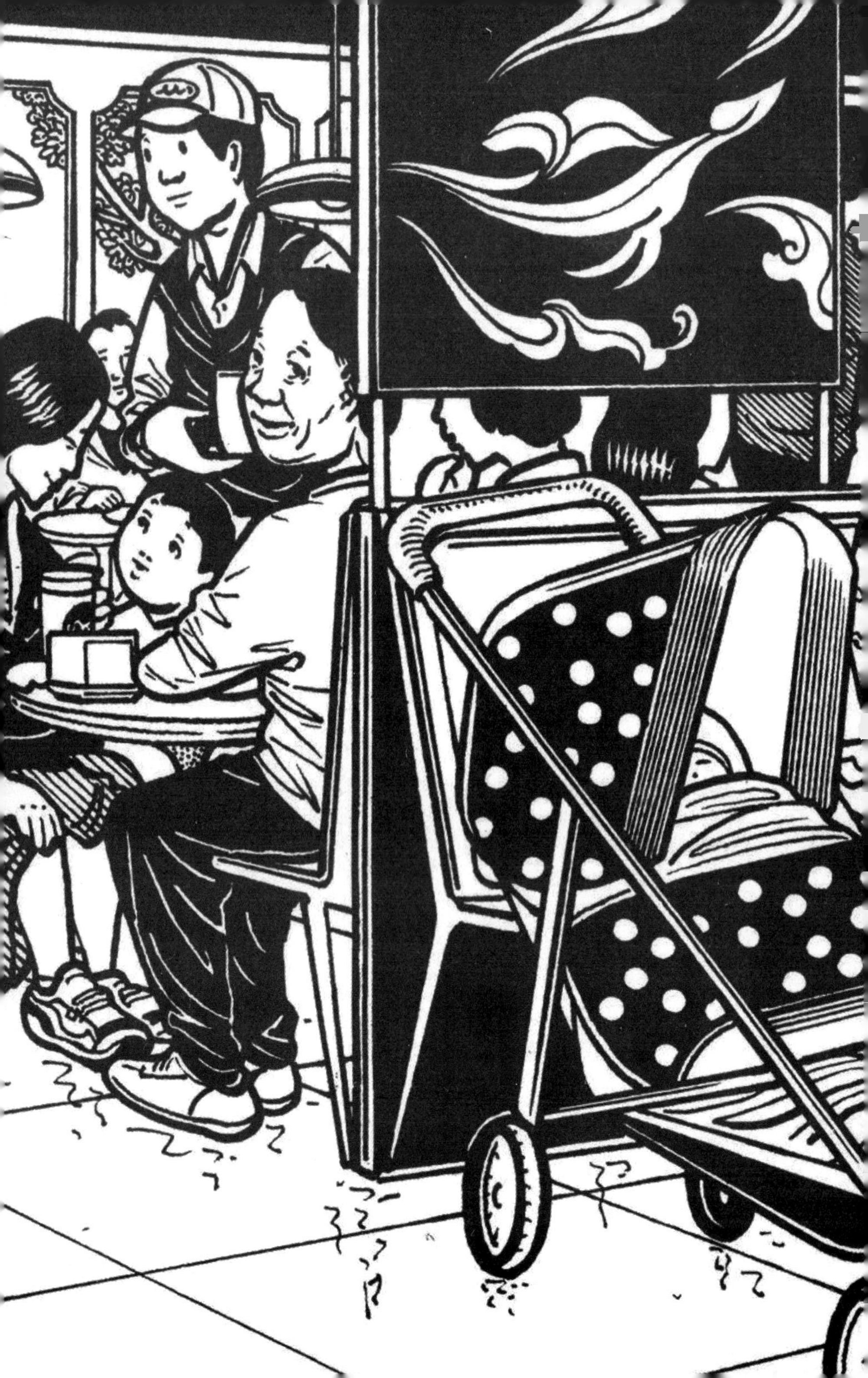

图2 某快餐店一角
（小民老二绘）

© 中南博集天卷文化传媒有限公司。本书版权受法律保护。未经权利人许可,任何人不得以任何方式使用本书包括正文、插图、封面、版式等任何部分内容,违者将受到法律制裁。

图书在版编目（CIP）数据

如何用保险保障你的一生 / 李元霸著 . -- 长沙：湖南科学技术出版社，2023.1
ISBN 978-7-5710-1909-9

Ⅰ . ①如… Ⅱ . ①李… Ⅲ . ①保险 – 通俗读物 Ⅳ .
① F84-49

中国版本图书馆 CIP 数据核字（2022）第 213480 号

上架建议：保险·通俗读物

RUHE YONG BAOXIAN BAOZHANG NI DE YISHENG
如何用保险保障你的一生

著　　者：李元霸
出 版 人：潘晓山
责任编辑：刘　竞
监　　制：邢越超
策划编辑：李齐章
特约编辑：周冬霞
营销编辑：文刀刀　周　茜
封面设计：主语设计
版式设计：李　洁
内文排版：百朗文化
出　　版：湖南科学技术出版社
　　　　　　（湖南省长沙市芙蓉中路 416 号　邮编：410008）
网　　址：www.hnstp.com
印　　刷：三河市兴博印务有限公司
经　　销：新华书店
开　　本：875mm×1230mm　1/32
字　　数：151 千字
印　　张：7
版　　次：2023 年 1 月第 1 版
印　　次：2023 年 1 月第 1 次印刷
书　　号：ISBN 978-7-5710-1909-9
定　　价：49.80 元

若有质量问题，请致电质量监督电话：010-59096394
团购电话：010-59320018